MERIAN *live!*

Normandie

Ralf Nestmeyer

W0087436

GU GRÄFE UND UNZER

Rouen, die Metropole der Normandie, zeigt sich in heimeligem Fachwerkkleid

INHALT

Willkommen in der Normandie

Die Normandie erleben

Sehenswerte Orte und Ausflugsziele

Routen und Touren

Wichtige Informationen

Karten und Pläne
Normandie, westlicher Teil: Klappe vorne; Normandie, östlicher
teil: Klappe hinten; Dieppe: Umschlag Rückseite; Bayeux: S. 46;
Caen: S. 52; Evreux: S. 74; Le Havre: S. 92; Rouen: S. 100/101

ormandie – das sind gotische Kathedralen und verträumte Schlösser, Apfelbäume und Käseträume, Kreideklippen und satte grüne Wiesen.

Abgesehen von den Kreideklippen zwischen Tréport und Etretat ist die Normandie alles andere als eine spektakuläre Landschaft. Typisch für weite Teile des Landes sind die sanft gebuckelten, heckenumsäumten Wiesen, »bocages« genannt; sie strahlen etwas vom trägen, provinziellen Charme vergangener Tage aus, wenngleich die bäuerlichen Anwesen im normannischen Fachwerkstil seltener werden. Ähnlich wie an den Küsten das ewige Auf und Ab der Gezeiten einen gemächlichen Takt vorgibt, sind es im Landesinneren die gefleckten Kühe, die gelassen vor sich hinkauend jedem Anflug moderner Hektik spotten.

Zweieinhalb Millionen Kühe

Auf jeden Einwohner der Normandie kommt statistisch gesehen eine Kuh; keine Frage, daß Viehzucht und Milchwirtschaft einen hohen Stellenwert einnehmen. Man versteht sich auf die Herstellung sämtlicher Milchprodukte, von der Sahne über Crème fraîche bis hin zur Butter, vom

Weidende Kühe unter Obstbäumen haben das Normandie-Bild geprägt

Käse ganz zu schweigen. Am normannischen Käsehimmel leuchtet das Dreigestirn Camembert, Font-l'Evêque und Livarot. Doch auch die Butter aus Isigny genießt Weltruf; bereits Antonin Carême, ein Bocuse des 19. Jahrhunderts, empfahl in seinen Kochbüchern ausschließlich die Verwendung von Butter aus Isigny. Wenn von den Kühen die Rede ist, darf man die friedlich neben den Apfelbäumen grasenden Pferde nicht vergessen. Schon zu Zeiten Wilhelm des Eroberers stand die Pferdezucht in großer Blüte. Heute wird diese Tradition von zahlreichen privaten Züchtern sowie den staatlichen Gestüten Haras du Pin und Saint-Lô aufrechterhalten. Mit den Percherons hat die Normandie gar eine eigene Pferderasse hervorgebracht; angeblich wurden diese extrem kräftigen und schweren Kaltblüter im Mittelalter gezüchtet, weil sie sich vortrefflich eigneten, einen Ritter mitsamt seiner zentnerschweren Rüstung in die Schlacht zu tragen.

Die Normandie ist aber nicht nur ein großer Bauernhof, Städte und Industrieansiedlungen prägen vor allem das Bild im Tal der Seine. Die Region gehört zu den reichsten und dichtbesiedeltsten Frankreichs; die Hälfte der Bevölkerung ist im industriellen Sektor tätig, zumeist in der Petrochemie, Metallverarbeitung, Elektrotechnik und im Automobilbau. Die Häfen von Le Havre und Rouen, zwei sehr gegensätzliche Städte, spielen zudem für den französischen Im- und Exporthandel

Mit skeptischem Blick in die Zukunft: Die kleinen normannischen Fischereibetriebe sind kaum mehr rentabel

eine wichtige Rolle. Während Le Havre aus den Ruinen des Zweiten Weltkriegs wie Phönix aus der Asche wiedererstand, blieb das gleichfalls schwergetroffene Rouen seiner Rolle als stolze Handelsstadt treu. »Die alte normannische Stadt breitete sich wie eine maßlos große Metropole vor ihr aus, wie ein Babylon, das sie nun betrat«, schilderte Flaubert die Eindrücke seiner Madame Bovary. Für die aus der Provinz stammende Arztfrau stellte Rouen noch das Fenster zur Welt dar, heute macht Rouen einen eher gemütlich-behäbigen Eindruck, weitaus lebendiger präsentiert sich Caen – die quirlige Universitätsstadt ist zugleich die Hauptstadt der Region Basse-Normandie.

Die Normannen – mehr als ein kriegerisches Volk

Als der französische König im Jahre 911 die faktische Herrschaft Rollos, des heidnischen Anführers einer Wikingerhorde, über das untere Seinetal offiziell anerkannte, konnte niemand ahnen, welch glanzvolle militärische und kulturelle Leistungen die Normannen in den nächsten beiden Jahrhunderten in die Wege leiten würden. Bereits das 11. Jahrhundert wurde zum Goldenen Zeitalter der Normannen. Auf der Basis einer prosperierenden Wirtschaft entwickelten sich die normannischen Klosterschulen zu den gelehrtesten der ganzen Christenheit, nirgendwo sonst im Abendland wurden schönere und imposantere Kirchen errichtet als in der Normandie.

Letztlich waren es aber die militärischen Erfolge, die den Normannen zu ihrem Einzug in die Geschichtsbücher verhalfen. Im Jahre 1066 gelang es Wilhelm dem Eroberer in der Schlacht von Hastings, dank einer überragenden Reiterei seine Ansprüche auf den englischen Thron durchzusetzen. Wenig später schufen sich die beiden Brüder Roger und Robert Guiscard in Süditalien und Sizilien quasi aus dem Nichts ein eigenes Königreich, das dem gesamten Mittelmeerraum zu neuem Glanz verhalf. Und als Papst Urban II. 1095 zum ersten Kreuzzug aufrief, da standen an der Spitze des Kreuzfahrerheeres wiederum normannische Adelige. Der Normanne Bohemund blieb im Heiligen Land und gründete das Fürstentum Antiochia, dem allerdings kein allzu langer Bestand vergönnt war.

Vom Glanz normannischer Baumeister

Für die normannische Landschaft sind die zahlreichen Schlösser, Abteien und Kathedralen genauso charakteristisch wie die Kühe und Pferde. Der krönende Höhepunkt der normannischen Baukunst ist der Mont-Saint-Michel, das »Wunder des Abendlandes«. Im Tal der Seine reihen sich die Klöster und Festungen gar wie auf einer Perlenschnur aneinander und künden im stummen Gleichklang von der Herrlichkeit des Christentums und der Macht der normannischen Herzöge. Justament in jenen Jahren, als »Wilhelm der Bastard« auszieht, um England zu erobern, wird mit der gleichen Kühnheit am Bau so bedeutender Sakralbauten wie der Cathédrale von Bayeux und den beiden Kirchen Saint-Etienne und Sainte-Trinité in Caen gearbeitet. Typische Merkmale der anglo-normannischen Sakralarchitektur sind die Zweiturmfassade, der hochaufragende Vierungsturm – besonders imposant bei der Cathédrale von Rouen – sowie das Triforium, ein schmaler, hinter Bögen verborgener Laufgang oberhalb der Arkaden des Mittelschiffs, und der Flamboyant-Stil, mit dem die französische Spätgotik ausklingt.

Aufgrund der Nähe zu Paris, der die Normandie bis heute einen Teil ihrer touristischen Attraktivität verdankt, entstanden zwischen dem 16. und 18. Jahrhundert zahlreiche Schlösser. So wie sich heute vermögende Pariser eine Zweitwohnung in einem alten normannischen Fachwerkhaus leisten, hielten sich vermögende Adelige einen repräsentativen Feudalsitz mit einer weitläufigen Parkanlage in der Umgebung der französischen Hauptstadt. Doch wer gerne davon träumt, Schloßherr zu sein, wird spätestens angesichts der anfallenden Reparaturen und hohen Unterhaltskosten für die stattlichen Bauwerke wieder auf den Boden der Tatsachen zurückgeholt. Bleibt aber immer noch die realistische Möglichkeit, den Urlaub in einem Schloßhotel zu verbringen und sich zumindest für ein paar Tage oder Wochen als Schloßherr zu fühlen.

Operation »Overlord«

Allenthalben Soldatenfriedhöfe und Bunkerruinen, Gedenkstätten und Museen: Die Normandie ist bis heute ein Symbol für den Sieg der Alliierten über die nationalsozialistische Zwangsherrschaft geblieben; alljährlich zählen die ehemaligen Kriegsschauplätze und Gedenkstätten mehrere Millionen Besucher, die sich an der einstigen Landungsküste auf Spurensuche begeben.

Begonnen hatte alles 1943 auf einer Konferenz in Québec; dort wurde der Entschluß gefaßt, durch eine in ihrer Größe bis dato noch nicht dagewesene Landungsoperation (Codename »Overlord«) die Befreiung Europas von der nationalsozialistischen Herrschaft einzuleiten. Die Deutschen, die einen Angriff auf den französischen Küstenab-

Nicht nur für die Schönen und Reichen: Deauvilles Strandpromenade

WILLKOMMEN IN DER NORMANDIE

schnitt bei Calais erwartet hatten, wurden von der in äußerster Geheimhaltung sorgsam vorbereiteten Offensive gegen die normannische Küste vollkommen überrascht. In den frühen Morgenstunden des 6. Juni 1944 betraten die ersten alliierten Landungstruppen auf der Cotentin-Halbinsel französischen Boden; bereits am Abend hatten sie weite Teile der Küste erobert. Innerhalb weniger Wochen brach die deutsche Verteidigung zusammen, der Zweite Weltkrieg erhielt eine entscheidende Wende: Hitlers Ende war nur noch eine Frage der Zeit. Sieht man einmal von den überzeugten Kollaborateuren ab – auch die hat es in der Normandie gegeben –, feierte die Bevölkerung ihre Befreiung überschwenglich, wenngleich viele Städte schwere Kriegsschäden und zahlreiche Ziviltote zu beklagen hatten.

Das erste Freiluftatelier der modernen Malerei

Die Moderne erhielt ihre entscheidenden Anregungen in der Normandie, es läßt sich ohne Übertreibung behaupten, die Wiege der modernen Malerei habe in der Normandie gestanden. Namen wie Claude Monet, Eugène Boudin, Paul Cézanne und Jean-François Millet sind untrennbar mit der Normandie verbunden. Claude Monet malte 1872 ein Bild, das er »Impression, Soleil Levant« nannte; er konnte nicht ahnen, daß die Bezeichnung Impressionismus zum Inbegriff einer ganzen Kunstrichtung werden sollte. Auch in der nächsten Generation brachte die Region bedeutende Künstler hervor: Fernand Léger und Raoul Dufy wurden in der Normandie geboren, Camille Pissaro und

LESETIP

Die ländliche Umgebung von Rouen ist Schauplatz eines Klassikers der Weltliteratur: Gustave Flauberts **Madame Bovary** spielt in Yonville-l'Abbaye, einem normannischen Dorf, hinter dem unschwer der Marktflecken Ry zu erkennen ist. Emma Bovary, die junge Gattin eines biederen Landarztes, hadert mit ihrem langweiligen Schicksal in der Provinz und träumt von einem Leben in der Metropole Rouen. Unglückliche Liebschaften, Schulden und die immer stärker als unbefriedigend empfundene Ehe treiben sie schließlich in den selbstgewählten Tod. Interessant ist auch die Erzähltechnik Flauberts, der geschickt zwischen verschiedenen Sprecherperspektiven wechselt.

Georges Braque starben hier. Braque hat sich mit dem Friedhof von Varengeville-sur-Mer wohl die schönste Begräbnisstätte ausgesucht, die man in der Normandie finden kann. Glücklicherweise sind zahlreiche bedeutende Kunstwerke in ihrem Entstehungsland geblieben. Mehrere Museen gehören für kunstinteressierte Reisende zum Pflichtprogramm: An erster Stelle sind das Musée des Beaux-Arts in Rouen und das Impressionisten-Mekka Giverny zu nennen, doch besitzen fast alle größeren Städte sehenswerte Kunstsammlungen, allen voran Le Havre mit dem Musée André Malraux sowie Caen mit seinem Musée des Beaux-Arts.

Die normannische Landschaft wirkte nicht nur auf die Maler inspirierend, fast zeitgleich lebten dort zahlreiche bedeutende französische Schriftsteller. Zwar gab es mit dem Dramatiker Pierre Corneille (1606 bis 1684) bereits einen Vorläufer, doch erst die großen Romanciers Gustave Flaubert und Guy de Maupassant verankerten die Normandie in der Literaturgeschichte. Während Flaubert sein Leben in Rouen und Umgebung verbrachte, bevorzugte Maupassant das Küstenstädtchen Etretat. Aber nicht genug: Victor Hugo und André Gide lebten und starben in der Normandie, Marcel Proust machte sich in Cabourg auf die »Suche nach der verlorenen Zeit«, Jean-Paul Sartre schrieb in Le Havre an seinem ersten Roman »Der Ekel«, derweil Simone de Beauvoir am Lycée in Rouen unterrichtete. Zu guter Letzt wurde auch André Breton, der »Papst« des Surrealismus, im normannischen Tinchebray geboren.

Die Seerosen in Monets Garten in Giverny

Ob mit dem Flugzeug, dem Zug oder dem eigenen Fahrzeug: fast alle Wege führen über Paris. Ein Abstecher zum Eiffelturm bietet sich daher an.

Mit dem Auto

Die Anreise auf der Autobahn ist sicherlich der schnellste Weg, doch ist die Autobahnbenutzung in Frankreich kostenpflichtig. Die Gebühren sind an den mit **Péage** angekündigten Mautstellen zu entrichten. Zwischen Saarbrücken und Rouen muß man mit rund 45 DM Autobahngebühr rechnen. Wer Geld sparen will und Zeit hat, benutzt die mit **N** gekennzeichneten Nationalstraßen. Die zahlreichen Ortsdurchfahrten senken die Reisegeschwindigkeit allerdings spürbar, so daß mit mehr als nur einem Anreisetag gerechnet werden muß, denn von Straßburg sind es rund 700 Kilometer nach Le Havre, von Berlin insgesamt rund 1300 Kilometer.

Die Autobahnen in die Normandie führen allesamt über Paris, doch besteht die Möglichkeit, den Ballungsraum weiträumig zu umfahren. Aus dem Norden Deutschlands kommend fährt man über Aachen durch Belgien auf der A 15. Hinter Cambrai kann man auf die Landstraße ausweichen, um über Amiens auf der N 29 nach Le Havre oder Rouen zu gelangen. Von Süddeutschland und Österreich aus bietet sich die Strecke über Saarbrücken, Metz und Reims nach Paris an. Wer den Verkehrsknotenpunkt Paris umgehen will, kann in Reims die Autobahn verlassen und auf der N 31 über Beauvais nach Rouen fahren. Schweizer können auch über Besançon und Beaune anreisen; von dort geht es über die stark befahrene Autoroute du Soleil gen Norden. Über den überlasteten Pariser Ring erreicht man die A 13, die Frankreichs Metropole mit der Normandie verbindet.

Auf den französischen Autobahnen ist eine Höchstgeschwindigkeit von 130 km/h erlaubt, auf Schnellstraßen darf nicht mehr als 110 km/h und auf Landstraßen nicht schneller als 90 km/h gefahren werden. Innerorts liegt die Geschwindigkeitsbegrenzung bei 50 km/h. Beachtung verdient die Promillegrenze, denn sie wurde unlängst auf 0,5 Promille gesenkt.

Mit dem Zug

Wer mit dem Zug anreist, muß zwischen acht Stunden (Köln) und 16 Stunden (Berlin) Fahrtdauer einplanen. Die Preise für eine Hin- und Rückfahrt in der 2. Klasse bewegen sich zwischen

Der mautpflichtige Pont de Normandie überspannt den Unterlauf der Seine

WILLKOMMEN IN DER NORMANDIE

Im Hafen von Dieppe legen Fähren nach Großbritannien ab

etwa 250 DM (Köln) und rund 500 DM (Berlin). Diverse Vergünstigungen bieten die Bahn-Card und andere spezielle Arrangements. Auch für Bahnreisende aus Deutschland, Österreich und der Schweiz ist Paris die Verkehrsdrehscheibe. Da die Züge in die Normandie entweder vom Pariser Bahnhof Saint-Lazare oder vom Bahnhof Montparnasse abfahren, muß man erst mit der Métro oder dem Taxi den Bahnhof wechseln. Zwischen Paris und Rouen, Caen und Le Havre bestehen vom Bahnhof Saint-Lazare sehr häufig Zugverbindungen, etwas seltener wird Cherbourg bedient. Die Fahrzeit von Paris nach Le Havre oder Caen beträgt rund zwei Stunden, nach Rouen ist es weniger als eine Stunde. Reisende, die in den Süden oder Westen der Normandie (Alençon, Granville etc.) wollen, müssen zum Bahnhof Montparnasse. Weitere Informationen erteilt:

SNCF
Westendstr. 24
60325 Frankfurt
Tel. 0 69/72 84 45, Fax 72 74 68

Mit dem Flugzeug

Da aus Deutschland, Österreich und der Schweiz keine direkten Flugverbindungen in die Normandie bestehen, spricht wenig für eine Anreise mit dem Flugzeug. Flugreisende müssen einen Umweg über Paris in Kauf nehmen und dort auf die Bahn umsteigen oder umständlich den Flughafen wechseln, da sie auf dem internationalen Flughafen Charles-de-Gaulle im Norden von Paris landen. Von dem südlich von Paris gelegenen Flughafen Orly werden Caen, Cherbourg, Deauville, Le Havre sowie Rouen regelmäßig angeflogen.

Mitfahrzentralen

Nach wie vor eine preiswerte Alternative zur Flug- oder Bahnreise, zumal Paris ein sehr häufig angesteuertes Ziel ist. Genauere Informationen über Mitfahrgelegenheiten und Preise – diese errechnen sich aus einer Benzinkostenbeteiligung und einer Vermittlungsgebühr – sind in den größeren deutschen Städten unter der bundeseinheitlichen Rufnummer 1 94 40 zu erfahren.

Den größtmöglichen Aktionsradius bietet das Auto, aber auch Bus, Bahn und Fahrrad eignen sich zur Erkundung der Normandie.

Mit dem Auto

Die meisten Urlauber bevorzugen das eigene Fahrzeug, bietet es doch ein großes Maß an Unabhängigkeit und erleichtert individuelle Streifzüge. Wer sich auf Städte wie Rouen, Caen und Bayeux beschränken will, kann gut auf das Auto verzichten. Das Straßennetz in der Normandie ist durchwegs in einem passablen Zustand, besonders gut ausgebaut sind die mit N-Nummern markierten **Nationalstraßen**, während die mit einer D-Nummer versehenen **Département-Straßen** schmaler und gelegentlich auch etwas holprig sein können. Größere Kreuzungen sind meist als Kreisverkehr angelegt; wer im Kreis fährt, hat Vorfahrt.

Abgesehen von den Autobahnen sind die drei großen Brücken, die zwischen Rouen und Le Havre über die Seine führen, gebührenpflichtig. Eine andere Möglichkeit, den Unterlauf der Seine zu überqueren, sind die zumeist im Scheitelpunkt einer Flußschleife verkehrenden Fähren.

Mit dem TGV ist die Normandie in zwei Stunden von Paris aus zu erreichen

Mietwagen

In allen größeren Städten sowie in den Tourismuszentren Deauville und Trouville gibt es mehrere Autovermieter. In der Regel ist es allerdings günstiger, schon im Heimatland einen Wagen vorab zu reservieren. Die französische Eisenbahn (SNCF) mit ihren »Rail-and-drive«-Angeboten sowie die Fluggesellschaften mit ihren »Fly-and-drive«-Angeboten halten ebenfalls preiswerte Alternativen bereit.

Fahrräder

Radfahren steht im Land der »Tour de France« selbstverständlich hoch im Kurs. Da die Normandie zumeist flach oder nur leicht hügelig ist, kann eine Radtour als gemütliche Form der Landeserkundung empfohlen werden. Ein weiterer Vorteil für Radfahrer: Die gesamte Normandie besitzt ein sehr dichtes Netz kleiner, wenig befahrener Straßen.

Außer bei zahlreichen privaten Vermietern ist es möglich, an den folgenden SNCF-Bahnhöfen ein Fahrrad zu mieten: Bayeux, Dives-Cabourg, Gisors, Le Tréport, Pontorson-Mont-Saint-Michel und Vernon. Ein normales Fahrrad (**traditionnel**) kostet 44 FF pro Tag, ein Rennrad (**randonneur**) bzw. Montainbike (Vélo-tout-terrain, abgekürzt **V.T.T.**) kostet 55 FF. Billiger wird es ab 11 Tagen: Dann werden nur noch 22 FF bzw. 33 FF pro Tag berechnet. Bei der Anmietung muß ein Personalausweis vorgezeigt sowie eine Kaution (1000 FF bzw. 1500 FF) hinterlegt werden.

Mit dem Zug und Bus

Alle größeren Städte sind mit öffentlichen Verkehrsmitteln problemlos zu erreichen. Auch die meisten kleineren Orte sind an das öffentliche Busnetz angeschlossen. Allerdings werden sie selten mehr als zweimal täglich vom Linienverkehr bedient, an Sonn- und Feiertagen fahren so gut wie keine Busse übers Land. Für Ausflüge in ländlichere Regionen sowie Fahrten zu abgelegeneren Strandabschnitten und einsamen Châteaux sind daher Busse und Bahnen nur sehr eingeschränkt geeignet. Die Buspreise entsprechen in der Regel etwa denjenigen einer Zugfahrt. Wichtig ist es auch, sich nach dem genauen Abfahrtsort zu erkundigen, denn nicht alle Busse fahren von der **gare routière**, dem Busbahnhof, ab.

Mit dem Schiff

Wer mit einem Schiff die Küste entlangschippert, dem eröffnen sich ungewohnte Perspektiven. Die regionalen Tourismusbüros informieren über die Angebote ihrer Jachthäfen. Beliebt sind auch Tagesausflüge zu den Iles Chausey und den englischen Kanalinseln (→ Routen und Touren). Von Cherbourg, Dieppe und Le Havre ist es zudem täglich mehrmals möglich, mit der Fähre nach England überzusetzen.

Vom stilvoll möblierten Schloß bis zur Privatunterkunft reicht das Angebot der Ferienorte. Für alle gilt: Im Juli und August sollte vorgebucht werden.

Hotels

In ganz Frankreich sind die Hotels in vier mit Sternchen gekennzeichnete Kategorien eingeteilt. Die **Klassifizierung** – ersichtlich auf einem blauen Schild am Eingang – reicht vom Luxushotel über die anspruchsvolle und gehobene Mittelklasse bis zum durchschnittlichen Zwei-Sterne-Hotel und dem einfachen Ein-Sterne-Hotel. Die Sterne beziehen sich nur auf den Komfort, nicht auf die Preise. Doch sollte man sich nicht allzusehr von den Ster-

nen leiten lassen, ein niedriger eingestuftes Hotel kann einem höheren durchaus an Sauberkeit, Ausstattung und Flair überlegen sein. Als bequeme Notlösung für die Übernachtung auf der Durchreise bieten sich auch die zahlreichen Kettenhotels wie Ibis (Mittlere Preisklasse) und Formule 1 (Untere Preisklasse) an.

Wer ein gemütliches, nicht allzu teures Hotel sucht, ist mit den zum Hotelverbund **Logis de France** gehörenden Beherbergungsbetrieben gut beraten (zu erkennen an den grünen Schil-

Im Grand Hotel von Cabourg war schon Marcel Proust zur Sommerfrische

WILLKOMMEN IN DER NORMANDIE

dern mit gelber Aufschrift). Es handelt sich dabei zumeist um familiär geführte Unterkünfte mit einem angegliederten Restaurant, das sich auf die Zubereitung lokaler Spezialitäten versteht. Die Preise für eine Übernachtung sind vergleichsweise günstig; es wird daher gerne gesehen, wenn die Gäste dort auch zu Abend essen. Allerdings besteht keine Verpflichtung zu der preislich recht attraktiven Halbpension.

Obwohl es durchaus löbliche Ausnahmen gibt, ist das **Frühstücksangebot** nach wie vor ein Schwachpunkt im französischen Hotelgewerbe. Wenn für Tee oder Kaffee, ein Glas Orangensaft, Brötchen und Croissant, die nur mit Butter oder abgepackter Marmelade bestrichen werden können, zwischen 30 und 60 FF berechnet werden, hinkt das Preis-Leistungs-Verhältnis entschieden. Machen Sie es dann einfach den Franzosen nach: Ge-

hen Sie ins Café an der Ecke. Dort hat man nichts dagegen, wenn Sie zum Kaffee die mitgebrachten Croissants vom nächsten Bäcker verzehren.

Ferienhäuser und -wohnungen

In den Hochglanzkatalogen der großen überregionalen Anbieter findet sich nur ein begrenztes Angebot an Ferienhäusern und -wohnungen in der Normandie. Es ist daher ratsam, die Tourismuseinrichtungen des jeweiligen Départements oder der erwünschten Stadt direkt anzuschreiben oder sich an die deutsche Zentrale von Gîtes de France zu wenden.

Gîtes de France
Sachsenhäuser Landwehrweg 108
60599 Frankfurt
Tel. 0 69/68 43 14, Fax 68 62 36

DER BESONDERE TIP

Château de Sully Die Normandie ist reich an herrschaftlichen Unterkünften; da die Unterhaltskosten für ein Schloß oder ein Herrenhaus recht hoch sind, wurden zahlreiche Châteaux und Manoirs in Hotels umgewandelt. Selbst Chambres d'Hôtes werden in kleinen Schlößchen angeboten. Ein ansprechendes Schloßhotel ist beispielsweise das aus dem 18. Jh. stammende Château de Sully im Norden von Bayeux. Diverse Annehmlichkeiten wie ein Tennisplatz, Hallenbad und Restaurant verschönern den Aufenthalt. Route de Port-en-Bessin, Mitte Nov.–Mitte März geschl., Tel. 02 31 22 29 48, Fax 02 31 22 64 77, 23 Zimmer, Mittlere/Obere Preisklasse (AE, DC, EC/MC, Visa) ■ E 3

Chambres d'Hôtes (Gästezimmer)

Eine in Frankreich sehr beliebte und weitverbreitete Form der Übernachtungsmöglichkeit sind die Chambres d'Hôtes. Neben nichtorganisierten gibt es die im Verband Gîtes de France (Adresse S. 16) zusammengeschlossenen Anbieter. Letztere sind in einem jährlich neu aufgelegten Verzeichnis zusammengefaßt und werden wie Hotels in Kategorien (von ein bis drei Ähren) klassifiziert. Das Verzeichnis ist in Frankreich in jedem Buchladen erhältlich bzw. gegen eine Gebühr bei Gîtes de France zu bestellen. Wer so reist, lernt Land und Leute kennen, da man leichter als im Hotel mit anderen Gästen oder mit den Hausherren ins Gespräch kommt.

Hotels sind bei den jeweiligen Orten im Kapitel »Sehenswerte Orte und Ausflugsziele« beschrieben.

Jugendherbergen

Jugendherbergen sind zu finden in Alençon, Caen, Dieppe/Offranville, Eu/Le Tréport, Granville, Pontorson, Rouen, Vernon und Yvetot. Eine Übernachtung setzt den Besitz eines internationalen Jugendherbergsausweises voraus. Dieser kann entweder beim Deutschen Jugendherbergswerk oder seinem französischen Pendant erworben werden. Verzeichnisse über Jugendherbergen hält auch das Französische Fremdenverkehrsamt bereit.

Deutsches
Jugendherbergswerk
Bismarckstr. 8
Postfach 220
32756 Detmold
Tel. 0 53 21/7 40 10

Fédération Unie des Auberges de Jeunesse (FUAJ)

6, rue Pajol
75018 Paris
Tel. 01 44 89 87 27
Fax 01 44 89 87 10

Camping

Wie die Hotels sind auch die Campingplätze in der Normandie in vier mit Sternen gekennzeichnete Kategorien unterteilt. Im Juli und August ist Reservierung dringend zu empfehlen. Wildes Campen ist in Frankreich verboten. Weitere Informationen erteilt:

ADAC

Am Westpark 8
81373 München
Tel. 0 89/76 76-0

Deutscher Camping Club

Mandlstr. 28
80802/München
Tel. 0 89/33 40 21

Preisklassen

Die Preise beziehen sich auf eine Übernachtung im Doppelzimmer für zwei Personen, ohne Frühstück.
Luxusklasse ab 1000 FF
Obere Preisklasse bis 1000 FF
Mittlere Preisklasse bis 500 FF
Untere Preisklasse bis 250 FF

Die Normandie erleben

Die normannische Küche ist herzhaft und bodenständig. Neben Fischgerichten bestimmen Butter, Sahne und Käse den Speisezettel.

In einem Land, in dem mehr Kühe als Menschen leben, gehört der üppige Umgang mit Sahne, Butter und Rahm zum Alltag eines Küchenchefs. Viele Gerichte, egal ob Fisch oder Fleisch, kommen mit einer **sauce normande** auf den Tisch. Wer sich auf die raffinierte Verwendung der Milchprodukte versteht, überdeckt den Geschmack der Gerichte nicht, sondern rundet ihn nur perfekt ab.

Die Normandie ist zudem ein Apfelland: Bei neun Millionen Apfelbäumen verwundert es nicht, daß zur gebratenen Entenbrust warmes Apfelkompott gereicht wird. Sehr gerne verfeinern die normannischen Köche ihre Gerichte mit einem Schuß Calvados, oder sie dünsten eine Seezunge in Cidre.

Bei manchen bodenständigen Köstlichkeiten wie **tripes à la mode de Caen** – die Kutteln werden dabei mit Zwiebeln, Karotten und Lauch in Calvados oder Cidre gekocht – scheiden sich allerdings die Geister. Ein besonderer Leckerbissen ist **agneau pré-salé**. Die auf den salzhaltigen Wei-

An schönen Sommerabenden sind die Restaurants in Trouville vollbesetzt den in Meeresnähe gehaltenen Lämmer zeichnen sich durch ihr besonders würziges Fleisch aus.

Meeresfrüchte und Fisch

Meeresfrüchte und Fisch spielen traditionell eine große Rolle: Sehr beliebt und preisgünstig sind Austern (**huîtres**), die rund um die Halbinsel Cotentin in den seichten Küstengewässern gezüchtet werden; sie werden mit einer Sauce aus Schalotten und Apfelessig serviert. Auch die Preise für andere Schalentiere wie Miesmuscheln (**moules**), Taschenkrebse (**tourteaux**), Hummer (**homard**) und Jakobsmuscheln (**coquilles St-Jacques**) sind verlockend niedrig. An Fisch werden vor allem Makrelen (**maquereaux**), Petersfisch (**Saint-Pierre**), Rochen (**raie**) sowie Steinbutt (**turbot**), Seezunge (**sole**) und Seeteufel (**lotte**) angeboten. Letztere bilden den Grundstock der **marmite dieppoise**; zu der normannischen Variante eines Fischeintopfs gehören noch Muscheln, Krabben, Gemüse und die für die Sauce obligatorische Butter und Sahne.

Käse, Käse und nochmals Käse

In der Normandie werden rund 30 verschiedene Käsesorten hergestellt; die bekanntesten sind **Pont-l'Evêque**, **Livarot**, **Coutances**, **Neufchâtel** und natürlich **Camembert** – letzterer ist rund um den Erdball bekannt, wenngleich einen echten normannischen Camembert von einem industriell hergestellten Produkt Welten trennen. Glaubt man der Legende, so soll ein Priester, den die Bauersfrau Marie Harel 1789 während der Französischen Revolution auf ihrem Hof im Dorf Camembert versteckt hatte, ihr zum Dank sein Käserezept verraten haben. Eine wesentlich längere Reifezeit als der Camembert benötigt der Livarot, ein ebenfalls runder Weichkäse mit einer orangeroten Rinde, der weitaus milder schmeckt, als er riecht. Der quadratische Pont-l'Evêque wurde bereits im 13. Jahrhundert von Mönchen hergestellt, älter ist nur noch der Neufchâtel, der schon zu Zeiten Wilhelms des Eroberers auf den normannischen Tisch kam.

Der echte Camembert besteht aus Rohmilch, hat 45% Fettgehalt und muß mindestens drei Wochen lang reifen

19

DIE NORMANDIE ERLEBEN

Calvados und Cidre

Für die Cidreherstellung werden in der Normandie spezielle Apfelsorten angebaut; im Gegensatz zum normalen Tafelapfel sind die Cidreäpfel kleiner und reicher an Gerbstoffen. Aus dem Saft der gepreßten Äpfel gewinnt man einen natürlich vergorenen Apfelmost, aus dem wiederum nach zweifacher Destillation der berühmte **Calvados** gebrannt wird. Doch damit ist es noch nicht getan: Um einen aromatisch vollendeten »Calva« zu gewinnen, muß der Kellermeister den Apfelbrand nicht nur jahre- oder jahrzehntelang in Eichenholzfässern mit hohem Tanninanteil reifen lassen, sondern zudem verschiedene Jahrgänge und Ernten mischen, um die sich ergänzenden Qualitäten der einzelnen Brände hervorzuheben. Auch der **Cidre** selbst – der sein Äquivalent im aus Birnen hergestellten **Poiré** findet – wird je nach Alkohol- und Zuckergehalt in vier verschiedene Klassifikationen eingeteilt, von denen sich der flaschengegärte **Cidre bouché** durch die beste Qualität auszeichnet. Eine spezielle Variante ist der **Pommeau**, ein Apéritif, für den ein Drittel Calvados mit zwei Dritteln Apfelsaft gemischt werden.

Restaurants sind bei den einzelnen Orten im Kapitel »Sehenswerte Orte und Ausflugsziele« beschrieben.

Preisklassen

Die Preise beziehen sich auf ein mittleres Menü im Restaurant ohne Getränke.
Luxusklasse ab 300 FF
Obere Preisklasse bis 300 FF
Mittlere Preisklasse bis 200 FF
Untere Preisklasse bis 120 FF

DER BESONDERE TIP

La **Couronne** Das wahrscheinlich älteste Gasthaus Frankreichs ist zugleich eine der vornehmsten Adressen in Rouen. Das Haus wurde bereits knapp hundert Jahre, bevor Jeanne d'Arc nur wenige Meter entfernt auf dem Vieux-Marché verbrannt wurde, erwähnt. Die holzgetäfelten Speiseräume, die sich über drei Etagen erstrecken, haben Stil und Atmosphäre, besonders die kleineren, intimen Räumlichkeiten in der zweiten Etage. Der Küchenchef legt Wert auf frische Zutaten. Freundlicher, unaufdringlicher Service. Rouen, 31, place du Vieux-Marché, Tel. 02 35 71 40 90, Obere Preisklasse (AE, DC, EC/MC, Visa) ■ c 4

Berühmt für seine Omeletts: »La Mère Poulard« auf dem Mont-St-Michel

Eßdolmetscher

A

abricot: Aprikose
addition: Rechnung
agneau: Lamm
alcool: Alkohol
amandes: Mandeln
anchois: Sardelle (Anchovis)
anguille: Aal
artichauts: Artischocken
asperge: Spargel
assaisonnement: Würzung
assiette: Teller
– anglaise: kalte Platte

B

bar: Barsch
barbeau (barbillon): Barbe
bargue: Meerbut
béchamel: weiße Sahnesauce
beignet: Krapfen
Bénédictine: Likör aus 27 verschiedenen Kräutern
beurre: Butter
– d'ail: Knoblauchbutter
bien cuit: durchgebraten
– bienfait: ausgereifter Käse
bière blonde (noire): helles (dunkles)
Bier
– à la pression: Bier vom Faß
bifteck: Beefsteak
bisquebouille: Fischsuppe
bleu: blau – bei Fleisch soviel wie
»englisch« gebraten
bœuf: Ochse oder Rind
boisson: Getränk
boucherie: Metzgerei
boudin: Blutwurst
boulangerie: Bäckerei
bouteille: Flasche
brasserie: Brauhaus; häufig Bezeichnung für Cafés mit Mittags- und
Abendtisch
brioche: Hefegebäck (meist zum
Frühstück)
brochette: Spießchen
brut: trocken, herb (Champagner)

C

cabillaud: Kabeljau
caille: Wachtel
calvados: Apfelschnaps
canard: Ente
carré d'agneau: Lammrückenstück
carpe: Karpfen
carte: Speisekarte
– des vins: Weinkarte
– du jour: Tageskarte
cèpes: Steinpilze
chanterelles: Pfifferlinge
charcuterie: Wurstaufschnitt
châteaubriand: Grillsteak
chaud: heiß
chèvre: Ziege
chevreuil: Reh
chou: Kohl
chou-fleur: Blumenkohl
choucroute: Sauerkraut
cidre: ähnlich einem Apfelwein
commande: Bestellung
compris: inbegriffen
concombre: Gurke
confiserie: Süßwaren
congre: Meeraal
coq: Hahn
coquilles: Muscheln
côte: Rippenstück
– d'agneau: Lammkotelett
– de veau: Kalbskotelett
courgettes: Zucchini
couteau: Messer
crevettes: Garnelen
crudités: Rohkostsalate
cuit: gekocht

D

dauphin: würziger Weichkäse
dégustation gratuite: kostenloser
Probeausschank
déjeuner: Mittagessen
demi: halb
– sec: halbtrocken
denté: Zahnbrasse
dessert: Nachspeise
digestif: Verdauungsschnaps
dinde: Pute

dindon: Truthahn, Puter
doux: süß
dur: hart, zäh

E

eau: Wasser
– *gazeuse:* mit Kohlensäure
– *naturelle:* natürliches Mineralwasser
– *de vie:* Branntwein
échalote: Schalotte
écrevisses: Krebse
entrecôte: Zwischenrippenstück
entrée: Vorspeise
épaule d'agneau: Lammschulter
épice: Gewürz
épinards: Spinat
escalope: Schnitzel
escargots: Weinbergschnecken

F

faisan: Fasan
fallette: gefüllte Kalbsbrust
faux-filet: Lendenstück vom Rind
fenouil: Fenchel
ficelle: sehr dünnes, langes Weißbrot
filet: Lendenbraten
flan: Pudding
flétan: Heilbutt
foie: Leber

fourchette: Gabel
framboise: Himbeere
froid: kalt
fromage: Käse
– *blanc:* Quark
fruits: Früchte, Obst
fumé: geräuchert

G

gambas: Garnelen, Krabben
garçon: Kellner, Ober
garniture: Beilage
gâteau: Kuchen
en gelée: gesülzt
gibier: Wild
gigot: Keule
girolles: Pfifferlinge
glace: Eis
glaçon: Eiswürfel
goutte: Tropfen
graisse d'oie: Gänseschmalz
gratin: Auflauf, Überbackenes
grillades: Gegrilltes
grillé: gegrillt

H

haricots verts: grüne Bohnen
homard: Hummer
hors-d'œuvre: Vorspeise
huile: Öl
huîtres: Austern

Cidre gibt es in vier verschiedenen Qualitäten

DIE NORMANDIE ERLEBEN

J

jambon: Schinken
jambonneau: Schweinshaxe
jus: Saft

L

lait: Milch
laitue: Kopfsalat
langue de bœuf: Ochsenzunge
lapin: Kaninchen
légumes: Gemüse
lentilles: Linsen
libre-service: Selbstbedienung
lotte de mer: Seeteufel
loup de mer: Wolfsbarsch

M

macaron: Makarone
macédoine de fruits: Obstsalat
mâche: Feldsalat
maigre: mager
maquereau: Makrele
menthe: Pfefferminz
miel: Honig
mollet: zart, weich
morue: Kabeljau
moules: Muscheln
moulin à poivre: Pfeffermühle
mousseux: schäumend
moutarde: Senf
mouton: Hammel, Schaf
myrtilles: Heidelbeeren

N

noisette: Haselnuß
noisettes d'agneau: Lammnüßchen
noix: Walnuß
note: Rechnung
nouilles: Nudeln

O

œuf: Ei
oie: Gans
oignons: Zwiebeln
os: Knochen

P

pain: Brot
pâte: Teig
pâtisserie: Konditorei
peau: Haut, Schale
pêche: Pfirsich
perche: Barsch
perdreau: junges Rebhuhn
perdrix commune: Rebhuhn
persil: Petersilie
petit déjeuner: Frühstück
petit gâteau: Teegebäck
petite marmite: kleiner Suppentopf
pieds de cochon: Schweinsfüße
pintadeau: Perlhuhn
piochon: Grünkohl
plat: Gericht, Platte
– du jour: Tagesgericht
plie: Scholle
poêlé: in der Pfanne gebraten
à point: kroß gebraten (außen
knusprig, innen rosa)
poire: Birne
poiré: Birnenmost
poireau: Lauch, Porree
poirée: Mangold
poisson: Fisch
poitrine: Brust
poivrade: Pfeffersauce
pomme: Apfel
Pommeau: Apéritif aus Apfelsaft
und Calvados
Pommelle: Apfellikör
pommes de terre: Kartoffeln
pompe: Obsttorte
porc: Schwein
porcelet: Spanferkel
portugaise: längliche Auster
pot: Topf
potage: Suppe
potée: Eintopf
poularde: Masthuhn
poule-au-pot: gefülltes Hühnchen im
Topf
poulet: Brathähnchen
poulpe: Tintenfisch
pourboire: Trinkgeld
poussin: Küken, Junghähnchen
praire: Venusmuschel

24

à la pression: Bier vom Faß
prêt: bereit, angerichtet
primeurs: Frühobst und Frühgemüse
pruneau: Back- oder Dörrpflaume
pulpe: Mark, Fruchtfleisch

Q

quart: ein Viertel
quartier: Viertel, Teilstück
quenelles: Klößchen, Röllchen
queue: Schwanz

R

radis: Rettich
rafraîchis: Sammelbegriff für Erfrischungsgetränke
raie: Rochen
raisins: Weintrauben
râpé: geraspelt, gerieben
ratatouille: gemischtes Gemüse
réchauffer: aufwärmen
recommandé: empfohlen, empfehlenswert
relais: Landgasthof
revenir: anbraten
rillettes d'oie: Gänsepastete
riz au beurre: Butterreis
rognons: Nieren
ronde de fromage: Käseplatte
rosbif: Roastbeef, Rostbraten
roses des prés: Wiesenchampignons
rôti: Braten, gebraten
rouille: scharfe rote Sauce
routier: Speisegaststätte

S

sablé: Sandgebäck
saignant: »englisch« gebraten
salé: gesalzen
sandre: Zander
senglier: Wildschwein
saucisson: Schnitt- oder Brühwurst
sauge: Salbei
saumon: Lachs
sauté: geschmort
seiche: Tintenfisch

sel: Salz
selle d'agneau: Lammrücken
service (non) compris: Bedienung (nicht) inbegriffen
servir: bedienen, auftragen
sole: Seezunge
sorbet aux fruits: Früchtesorbet
soufflé: Omelette, Eierauflauf
soupe: Suppe
steak au poivre: Pfeffersteak
St-pierre: St.-Petersfisch
sucre: Zucker (sucré: gesüßt)

T

tanche: Schleie
tarte: Obstkuchen
tartelette: Törtchen
tendre: zart, mürbe
terrine: Schüssel
– maison: Topfpastete nach Art des Hauses
thé: Tee
thon: Thunfisch
thym: Thymian
tiède: lauwarm
tournedos: Lendenschnitte
tourteau: Taschenkrebs
tranche: Schnitte, Scheibe
tripes: Kutteln, Innereien
truffes: Trüffeln
truite: Forelle
– fumée: Räucherforelle
turbot: Steinbutt

V

vachard: Schnittkäse aus Kuhmilch
veau: Kalb, Kalbfleisch
verre: (Trink-)Glas
viande(s): Fleisch
vin: Wein
– blanc: Weißwein
– de pays: Landwein
– du pays: Wein des jeweiligen Landstriches
– de table: Tischwein
– rouge: Rotwein
vinaigre: Essig
volaille: Geflügel

Die drei berühmten C – Calvados, Cidre und Camembert – sind die idealen Mitbringsel, denn sie sorgen noch zu Hause für wahre Gaumenfreuden.

Egal ob Livarot, Camembert oder Pont-l'Evêque, mitgebrachte normannische Käsesorten haben den Nachteil, daß sie recht schnell verzehrt werden müssen. Diese Probleme ergeben sich beim Kauf von Cidre und Calvados nicht. Empfehlenswert ist es, Apfelwein und Apfelschnaps direkt beim Produzenten zu erwerben. Das in den Apfelanbaugebieten häufig anzutreffende Schild **dégustations** weist auf den Ausschank von Kostproben mit anschließender Kaufmöglichkeit hin.

Dekorative Souvenirs sind ebenfalls recht beliebt, so beispielsweise Fayencen aus Rouen oder **Keramiken** aus der Abtei Bec-Hellouin; die Mönche brennen dort alljährlich rund 40 000 Einzelstücke. Villedieu-les-Poêles ist der richtige Ort, um den heimischen Haushalt mit **Kupfergeschirr** auszustatten.

Märkte

Es ist immer wieder ein besonderes Vergnügen, am Markttag durch eine Stadt zu streifen.

In der historischen Markthalle von Dives-sur-Mer kann man stilvoll einkaufen

Schon früh am Morgen beginnt das geschäftige Treiben an den Marktständen. Neben Möbeln, Blumen, Gemüse, Käse, Wurst oder Fisch werden sogar lebendige Haustiere feilgeboten. Wer zeitig kommt, hat die beste Auswahl; wer bis kurz vor Mittag wartet, kann kurz vor Standabbau meist noch schnell ein Schnäppchen machen. Traditionell hat jede französische Stadt zumindest einmal in der Woche ihren Markttag, an dem auch die Einheimischen aus dem Umland anreisen. Manche normannischen Märkte sind weit über ihre Grenzen hinaus bekannt, so der **Samstagsmarkt in Dives-sur-Mer**, der dank der historischen Markthalle ein besonderes Flair ausstrahlt. Saint-Pierre-sur-Dives (montags) und Lyons-la-Forêt (donnerstags) besitzen ebenfalls jahrhundertealte Markthallen.

Öffnungszeiten

Schon nach wenigen Tagen drängt sich die Erkenntnis auf, daß an der Mittagsruhe in der Normandie kein Weg vorbeiführt: Zwischen 12 und 14 Uhr schließen nicht nur die Geschäfte mit Ausnahme der großen Supermärkte und Kaufhäuser, auch das Personal der meisten Museen legt um diese Zeit eine Pause ein. Dafür ist der Samstag ein ganz normaler Arbeitstag, die Geschäfte haben wie an den anderen Wochentagen mit geringen Abweichungen – unterbrochen von der Mittagspause – von 9–19 Uhr geöffnet, große Supermärkte oft noch zwei Stunden länger. Lebensmittel, Brot, Fleisch und Zeitschriften kann man auch am Sonntagvormittag kaufen, dafür ist der Montag ein beliebter Ruhetag.

DER BESONDERE TIP

Palais Bénédictine Alexandre Le Grand, der 1863 die Rezeptur des berühmten Kräuterlikörs (**Bénédictine**) der Benediktinermönche von Fécamp wiederentdeckt hatte, ließ in Erinnerung an die Mönche einen märchenhaft-pompösen Palast in einer für den Historismus typischen Stilmischung errichten. Er beherbergt neben einem ansehnlichen Museum sakraler Kunst auch ein Forum für Wechselausstellungen moderner Kunst. Selbstverständlich werden auch Einblicke in den Herstellungsprozeß des Likörs gewährt. Fécamp, 110, rue Alexandre Le Grand, tgl. ab 10 Uhr, in der Nebensaison von 12–14 Uhr geschl., Eintritt 27 FF (mit Likörprobe), erm. 13,50 FF   ■ G 2

DIE NORMANDIE ERLEBEN

Kinder sind kritische Urlauber: Ein lang-
weiliges Urlaubsprogramm wird schnell
mit Protesten kommentiert; Alternativen
sind also gefragt.

Reiseziel Nummer eins für Familien mit Kindern ist in der Normandie natürlich die Küste. Aber
auch am schönsten Sandstrand
kann es schnell zu eintönig werden – doch Strandleben kombi-
niert mit ausgedehnten Wattwanderungen, Muschelsuchen
und Sandburgenbauen hält den
Nachwuchs bei der Stange. Für
Schlechtwettertage sollte man
auch mal eine kurze Fahrt über
das Land einplanen. Es gibt in Europa kaum eine Region, die auch
nur annähernd so viele Kühe,
Pferde und Schafe zählt. Besonders im Frühsommer, wenn die
Fohlen, Kälber und Lämmer um
ihre Mütter springen, bietet das
Treiben auf den saftigen Weiden
einen rührenden Anblick. Jugendliche Pferdenarren lassen sich
schnell für den Besuch eines
privaten oder öffentlichen Gestüts begeistern. Zudem haben
die französischen Städte und Gemeinden ein Herz für Kinder: So
gut wie jede Stadt und jedes Dorf
besitzt einen Kinderspielplatz,
dessen Attraktionen sich nicht
nur auf eine Rutsche mit Sand-
kasten beschränken.

Die Badekabinen in Deauville tragen die Namen großer Stars

Château de Robert-le-Diable ■ H 3

Die meisten Schlösser der Normandie sind repräsentative Bauten, an mittelalterliche Ritterburgen erinnern nur noch die wenigsten. Das Château de Robert-le-Diable, von Rouen aus ein paar Kilometer seineabwärts gelegen, ist eine der wenigen Ausnahmen: Hier kann man auf Türme klettern sowie ein unterirdisches Gewölbe erkunden. Im Innenhof ist der Nachbau eines Wikingerschiffes zu besichtigen, ein Brunnen läßt 113 m in die Tiefe blicken.
März–Okt. 10–12 Uhr und
14–17 Uhr
Eintritt 20 FF

Freizeitpark Bellefontaine ■ D 5

Nördlich von Mortain im Département Manche werden zahlreiche Freizeitaktivitäten angeboten. Eine Märchenlandschaft mit Miniaturdörfern wartet auf die Kleinen, wer will, kann auf Ponys reiten oder mit der Miniaturbahn fahren.
Ostern–Sept.
Eintritt 30 FF, erm. 15 FF

Parc Zoologique de Champrépus ■ C 4

Auf einem 2 km langen Parcours lassen sich in den zwei Arealen des Zoologischen Parks von Champrépus rund 90 verschiedene Tier- und Vogelarten beobachten, darunter Tiger, Löwen, Panther, Känguruhs und Lamas. Die Kleinsten können Ziegen und Schafe streicheln oder sich im Spielpark austoben.
Tgl. 10–18.30 Uhr, im Winter nur nachmittags
Eintritt 42 FF, Kinder 25 FF

Zoo de Jurques ■ E 4

Der zwischen Caen und Vire gelegene Zoo von Jurques beteiligt sich seit 1993 am europäischen Aufzuchtprogramm für gefährdete Tierarten (E.E.P.). In einem weitläufigen Gelände von 15 ha leben hier Giraffen, Löwen, Tiger, Panther, Schimpansen und Dromedare.
Im Sommer tgl. 10–19 Uhr, im Okt.–März nur 13.30–17.30 Uhr
Eintritt 35 FF, erm. 18 FF

DER BESONDERE TIP

Haras National du Pin Das Département Orne, das für seine Pferdezucht in ganz Europa bekannt ist, besitzt mit dem Haras National du Pin eines der renommiertesten Gestüte Frankreichs. Das »Versailles der Pferde« besitzt 70 preisgekrönte Zuchthengste, neben reinrassigen Arabern auch Percherons, eine sehr kräftige Kaltblutrasse, die aus der Region Perche stammt. Bei einer Führung werden sowohl die Anlage als auch die Ställe und Kutschen gezeigt. Von Juni bis Sept. werden jeden Do nachmittags um 15 Uhr im hufeisenförmigen Ehrenhof vor den Augen zahlreicher Zuschauer Zuchthengste und Gespanne präsentiert. Tgl. 9.30–18 Uhr, im Winter 10–12 und 14–17 Uhr, Eintritt 25 FF, erm. 15 FF ■ G 5

DIE NORMANDIE ERLEBEN

Hunderte von Kilometern ist die Küste lang, doch beschränken sich die Aktivitäten nicht auf den Wassersport. Reiten und Klettern stehen hoch im Kurs.

Erfrischung verspricht das Meer vor der normannischen Küste im wahrsten Sinne des Wortes, selbst im Hochsommer klettern die Wassertemperaturen kaum über 16 Grad hinaus. Wer sich nicht überwinden kann, muß mit einem Schwimmbad vorliebnehmen. Wegen der stellenweise starken Strömungen sowie den durch die Gezeiten bedingten unterschiedlich hohen Wasserstand sollte man sich nur mit Vorsicht in die Fluten stürzen. Hinweisschilder und Warnungen sind unbedingt zu beachten.

Die Wassersportangebote der Küstenorte sind zahlreich: Schwimmen, Tauchen, Segeln, Wasserski und Surfen. Eine besondere Attraktion ist das Strandsegeln, das an den ausgedehnten Stränden mit Begeisterung betrieben wird. Könner erreichen auf ihren rollenden Gefährten Spitzengeschwindigkeiten von mehr als 100 Stundenkilometern! Wer will, kann das Sportliche auch mit dem Praktischen verbinden und die Normandie mit dem Fahrrad oder auf dem Rücken eines Pferdes erkunden.

Mit Windgeschwindigkeit über den Strand sausen: Strandsegeln

Angeln/Fischen

Das Fischen im Meer erfreut sich großer Beliebtheit. Am besten beißen die Fische bei beginnender Ebbe. Wer seine Angel in einem der vielen Flüsse und Seen auswerfen will, muß bei den Kommunen oder der **Association de Pêche et Pisciculture** des jeweiligen Départements um einen Angelschein nachsuchen.

Bungee-Jumping

Unweit von La Ferrière-Harang leitet ein Neuseeländer eines der renommiertesten Zentren für Bungee-Jumping in Europa. Wagemutige stürzen sich von dem 118 m hohen Viaduc de la Souleuvre hinunter.

Golf

Exakt 37 Golfplätze sind derzeit über die Normandie verstreut. Mehr als genug, um die Verbesserung des eigenen Handicaps voranzutreiben.

Besonders idyllisch gelegen ist der Golfplatz von Etretat, der sich direkt hinter den Kreidefelsen erstreckt. Das Comité Régional du Tourisme de Normandie gibt eine spezielle Broschüre »Golf-Normandie« heraus.

Klettern

Beliebte Klettergebiete sind der Parc Naturel Régional Normandie-Maine, die Kreidefelsen im Tal der Seine sowie die Suisse Normande.

Reiten

Die Normandie hoch zu Roß zu durchstreifen ist eine reizvolle Alternative zum Wandern und Fahrradfahren. An Angeboten mangelt es nicht; teilweise werden von den Gestüten Reitausflüge über mehrere Tage hinweg organisiert. Mit dem Haras National du Pin (→ Der Besondere Tip, S. 29) sowie dem Haras National (Saint-Lô) besitzt die Normandie zudem zwei der angesehensten Gestüte Frankreichs.

DER BESONDERE TIP

Les Dunes de Biville Im Westen der Halbinsel Cotentin erstreckt sich unterhalb der Ortschaft Biville eine faszinierende Dünenlandschaft. Von den insgesamt 620 ha stehen 200 ha unter Naturschutz und dürfen daher nicht betreten werden, damit die empfindliche Flora nicht zerstört wird. In den Dünen leben Dachse, Hasen und Rotfüchse. Eine kleine asphaltierte Straße führt hinunter bis fast ans Meer. Dort öffnet sich dann eine langgezogene, recht einsame Bucht mit einem sehr schönen Sandstrand, der im Norden von steil aufragenden Felsen begrenzt wird. Bei Ebbe muß man allerdings einen längeren Fußmarsch zum Wasser in Kauf nehmen. ■ B 2

DIE NORMANDIE ERLEBEN

Segeln und Surfen

Dank der steten Winde eignet sich die normannische Küste ausgezeichnet zum Segeln und Surfen. Zahlreiche Segelschulen (**écoles de voile**) bilden Anfänger zu standfesten Seglern aus. Wer sein Surfbrett zu Hause gelassen hat, wird ohne größere Probleme ein Brett ausleihen können.

Tennis

Die Freunde des »weißen Sports« finden in jedem größeren Ort Tennisplätze vor. Bei zahlreichen Hotels der gehobenen Mittelklasse sowie komfortablen Campingplätzen stehen ebenfalls Spielmöglichkeiten für Urlauber zur Verfügung. In der Hauptsaison ist eine Reservierung dringend anzuraten.

Wandern

Hoch hinauf gelangt man in der Normandie zwar nicht, dafür entschädigen aber die reizvollen Küstenwanderwege sowie Wanderungen durch die ausgedehnten Wälder der Suisse Normande (Normannischen Schweiz). In ganz Frankreich gibt es zahlreiche gutmarkierte Fernwanderwege, sogenannte **Grandes Randonnées** (GR), die fast immer durch landschaftlich attraktive Regionen führen.

Sehr praktisch zum Wandern sind die hervorragenden Karten der blauen Serie des Nationalen Geographischen Instituts (IGN), dank des Maßstabs von 1:25 000 sind auch die kleinsten Wege eingezeichnet. Diese Karten sind vor Ort im Buchhandel erhältlich.

Ohne Neopren-Anzug geht gar nichts: Surfer bei Etretat

Strände

Côte Fleurie ■ F 3
Im Westen von Trouville erstreckt sich die Côte Fleurie, die sogenannte Blumenküste, mit ihren ausgedehnten und vielbesuchten Sandstränden bis Cabourg. Die Küstenorte strahlen noch immer etwas vom Flair der Belle Epoque aus.

Côte de Nacre ■ E 3
Vor gut einem halben Jahrhundert standen die sanft ansteigenden Strände im Norden von Bayeux im Scheinwerferlicht der Weltgeschichte. Verschiedene Strandabschnitte erinnern noch heute an die Landung der Alliierten, doch im Sommer dreht sich alles um das Strandvergnügen.

Cotentin ■ B 2/D 3
Rings um die Halbinsel Cotentin erstrecken sich reizvolle, kaum verbaute Strände. Naturfreunde fühlen sich hier wohl, denn es fehlt oft jegliche touristische Infrastruktur.

Deauville ■ F 3
Als exklusives Seebad legt Deauville selbstverständlich Wert auf einen gutgepflegten Sandstrand und ein großes Freizeitangebot.

Les Dunes de Biville ■ B 2
→ Der Besondere Tip, S. 31

Etretat ■ G 2
Eingerahmt von der Falaise d'Amont und der Falaise d'Aval, ist der Kieselstrand von Etretat ein beliebter Tummelplatz für Romantiker.

Utah Beach ■ C 2/D 3
Daß dieser sanft abfallende Strandabschnitt während der alliierten Landung eine wichtige Rolle spielte, interessiert die meisten Sommerurlauber nur am Rande. Die Aufmerksamkeit gilt dem Sandstrand, der sich bis nach Quinéville erstreckt.

Yport ■ G 2
An dem windgeschützten Strand des kleinen Städtchens liegen bunte Fischerboote.

Flauten sind selten: ein Segler in der Hafeneinfahrt von Fécamp

Die Normannen haben zwei große Leidenschaften: Pferde und das Meer. Kein Wunder, daß vor allem Pferderennen und Seefeste beliebt sind.

Zwei Höhepunkte im normannischen Festkalender sind daher der Grand Prix von Deauville und das Fest der Seeleute in Honfleur. In den Sommermonaten beleben zahlreiche Musikfestivals das Abendprogramm; neben Folklore und klassischen Konzerten liegt der Schwerpunkt dabei auf Jazz. Einen guten Ruf haben das im Juli stattfindende Festival Swinging Deauville sowie Jazz unter Apfelbäumen, das alljährlich im Mai die Jazz-Fans nach Coutances pilgern läßt. Das Département Eure hat im Rahmen der Veranstaltungsreihe L'Eure d'Eté ein Sommerfestspielprogramm zusammengestellt, das zwischen Juni und Mitte Oktober beinahe jeden Abend mit einer attraktiven Veranstaltung aufwarten kann.

Zudem ist für Gläubige aus nah und fern die Wallfahrt zur Basilika von Lisieux am letzten Septemberwochenende ein bedeutendes Ereignis. Alljährlich besuchen eine Million Pilger das Grab der heiligen Thérèse. Nur ins südwestfranzösische Lourdes strömen mehr Gläubige.

Pferderennen sind in der Normandie sehr populär

März
Festival du Cinéma Nordique
Festival des Nordischen Films in
Rouen.
Zweite Märzhälfte

Foire au Boudin
Das für seine Blutwurst bekannte
Mortagne-au-Perche veranstaltet all-
jählich eine internationale Blutwurst-
messe.
3. Wochenende im März

April
Festival les Déferlantes in Fécamp
Ende April sind die Straßen von Fécamp mit Theater und Musik erfüllt.

Mai
Brandmarken des Viehs
In Marais-Vernier werden die Tiere
mit einer Brandmarke versehen,
bevor sie wieder auf die Weide ge-
trieben werden.
1. Mai

A Caen la Paix
Die verschiedenen Stadtteile von
Caen werden von lokalen Künstlern
mit Theater- und Musikaufführungen
belebt.
Ein Wochenende Mitte Mai

Juni
Fêtes Jeanne d'Arc
Konzerte und ein mittelalterlicher
Markt bilden das Rahmenprogramm
für eine Prozession, bei der weiße
und blaue Blumen in die Seine ge-
worfen werden.
In Rouen.
So nach dem 30. Mai

Fête des Marins
Am Tag vor der Prozession nach
Notre-Dame-de-Grâce versammeln
die Seeleute aus Honfleur ihre Schiffe für die Segensspendung des örtlichen Priesters.
Anfang Juni

Internationales Ballonfestival
Am zweiten Juniwochenende treffen sich jedes zweite Jahr – das
nächste Mal 1997 – Ballonfahrer aus
aller Welt in Balleroy. Über dem
Schloß, das der Familie des amerikanischen Verlegers Forbes gehört,
fahren zahlreiche Ballons durch die
Luft, bewundert von rund 40 000
Zuschauern.

Juli
Nationalfeiertag
Am 14. Juli wird in zahlreichen
Orten der Erstürmung der Bastille
gedacht.

Feu de Saint-Clair
Abends in La Haye-de-Routot werden Freudenfeuer entfacht, die dem
normannischen Märtyrer Saint-Clair
gewidmet sind.
16. Juli

August
Grand Prix von Deauville
Im August treffen sich die Pferdenarren aus ganz Frankreich, Europa
und Übersee zur Poloweltmeister-
schaft sowie zur Versteigerung erst-
klassiger Fohlen in Deauville.

September
Festival International du Cerf-Vo-
lant
Jedes zweite Jahr (1997, 1999 etc.)
flattern am Himmel von Dieppe
kunstvoll gestaltete Drachen um die
Wette.

Foire Millénaire de la Sainte-Croix
Der Pferdemarkt von Lessay hat
eine 1000jährige Tradition. Drei Tage
lang wird außer um Pferde auch
um Hunde, Geflügel und Vögel ge-
feilscht.
1. Wochenende im Sept.

Die Hauptstadt des Département Orne ist eine lebendige Kleinstadt, die einst wegen ihrer kunstvollen Spitzen europaweit großes Ansehen genoß.

Als Flußübergang über die Sarthe hatte Alençon schon in römischer Zeit existiert, doch erst im 11. Jahrhundert, als die Normannen ihr Herzogtum nach Süden hin absicherten, wurde hier eine befestigte Siedlung errichtet. Später folgte eine mächtige Burg.

Stadt der Spitzen

Aber erst im 17. Jahrhundert kam die große Stunde von Alençon: Um das Jahr 1650 herum erfand eine Madame La Perrière eine

Alençon
■ F 6

originelle Spitze, die der berühmten Spitze von Venedig nicht unähnlich war, doch bei weitem erschwinglicher. Jean-Baptiste Colbert, der einflußreiche Minister Ludwig XIV., förderte aus volkswirtschaftlichen Gründen die Spitzenherstellung und gründete eine königliche Manufaktur. Alsbald waren damals in Alençon mehr als 8000 Menschen in der Spitzenherstellung tätig. In Pilgerkreisen ist Alençon vor allem als Geburtsort der Heiligen Thérèse von Lisieux bekannt.

Nach Alençon kommt man vor allem der berühmten Spitzen wegen

Hotel und andere Unterkünfte

Le Grand Cerf

Das traditionsreiche Hotel wurde erst jüngst mit viel Geschmack und Liebe fürs Detail renoviert. Der Speisesaal besticht durch seinen außergewöhnlich schönen Stuck. Im Sommer sitzt man im ruhigen Hinterhof. Eine überaus empfehlenswerte Adresse, die auch die Reisekasse nicht zu sehr belastet.
21, rue Saint-Blaise
Tel. 02 33 26 00 51, Fax 02 33 26 63 07
15 Zimmer
Mittlere Preisklasse (AE, EC/MC, Visa)

Jugendherberge

1, rue de la Paix
61250 Damigny
Tel. 02 33 29 00 48

Sehenswertes

Cathédrale Notre-Dame

Die aus dem 15. Jh. stammende Kirche besitzt einen eleganten Portalvorbau mit drei großen Bögen, der im spätgotischen Flamboyant-Stil gehalten ist und etwas an Saint-Maclou in Rouen erinnert. Die benachbarte Place Lamagdelaine dient als Marktplatz, die an der Vorhalle vorbeiführende Grande Rue wird von imposanten Bürgerhäusern gesäumt. Nach Nordwesten hin erstreckt sich die Fußgängerzone von Alençon.

Château

Vom einstigen herzöglichen Schloß – es wurde auf Befehl Henri IV. geschleift – zeugen nur noch zwei Rundtürme, die den Eingang zum Justizpalast flankieren. Letzterer besitzt eine stattliche klassizistische Fassade.
Rue du Château

Halle aux Blés

Das auffällige kreisrunde Gebäude, der ehemalige Getreidespeicher, wird heute gelegentlich für Ausstellungen genutzt.
Rue des Filles-Notre-Dame

Museen

Musée des Beaux-Arts et de la Dentelle

Das Museum der Schönen Künste und Spitzen ist in einem ehemaligen Jesuitenkolleg am Rande der Altstadt untergebracht. Das Erdgeschoß ist temporären Ausstellungen vorbehalten, die Gemäldegalerie beherbergt eine Sammlung holländischer und französischer Meister aus der Zeit vom 17. bis zum 19. Jh. Die Erinnerung an die örtliche Tradition der Spitzenkunst wird anhand einiger herausragender Exponate gepflegt.
Rue Charles Aveline
Tgl. außer Mo 10–12 und 14–18 Uhr
Eintritt 16 FF, erm. 13 FF

Musée Leclerc

Im ersten Stock des Musée privé de la Dentelle au Point d'Alençon erinnert dieses Museum an den berühmten General Lederc, der die französischen Fahnen im Kampf um die Normandie hochhielt und nach Ende der Schlacht sein Hauptquartier in Alençon aufgeschlagen hatte.
Infos → s. unten

Musée privé de la Dentelle au Point d'Alençon

Ein weiteres, in privater Regie geführtes Spitzenmuseum, das einige kostbare Raritäten zeigt.
31, rue du Pont Neuf
Tgl. außer So 10–11.30 und 14–17.30 Uhr
Eintritt 20 FF (Kombiticket mit Musée Leclerc 30 FF)

Essen und Trinken

Les Glycines

Allein die klassische, in Pastelltönen gehaltene Einrichtung verrät, daß man hier Stil und Atmosphäre schätzt. Traditionelle Küche, basierend auf regionalen Zutaten. Empfehlenswert ist die lotte au pommeau.
32, rue Saint-Blaise
Tel. 02 33 26 41 51
So geschl.
Mittlere Preisklasse (AE, DC, EC/MC, Visa)

Au Jardin Gourmand

Hinter der marmorierten Fassade verbirgt sich ein Restaurant, in dem Wert auf frische Zutaten und eine kreative Zubereitung gelegt wird. Die Menükarte wird mindestens einmal pro Monat gewechselt.
14, rue de Sarthe
Tel. 02 33 32 22 56
So abends und Mo geschl.
Mittlere Preisklasse

Am Abend

La Renaissance

Von außen eher unauffällig, lebt das »Re« von seinem Interieur. Wer sich über die ungewöhnlich üppigen Stuckarbeiten wundern sollte, dem sei verraten, daß in den Räumlichkeiten einst ein Theater sein Domizil hatte.
4, rue Saint-Blaise
Tel. 02 33 26 01 10

Service

Auskunft

Office de Tourisme
Place Lamagdelaine
61000 Alençon
Tel. 02 33 26 11 36, Fax 02 33 32 10 53

Ausflugsziele

Argentan ■ F 5

Es fällt nicht leicht, sich vorzustellen, wie Argentan vor dem Zweiten Weltkrieg ausgesehen haben muß. Fast neunzig Prozent der Stadt, in der der Maler Fernand Léger – ein berühmter Vertreter des Kubismus – zur Welt kam, wurden während der letzten Kämpfe zwischen den Alliierten und der deutschen Wehrmacht zerstört. Wenn man von der Kirche Saint-Germain zum ehemaligen Schloß und heutigen Gericht blickt, sind die Lücken, die die Bomben gerissen haben, nicht zu übersehen. Im 17. Jh. war Argentan nach Alençon das bedeutendste Zentrum Frankreichs für die Spitzenherstellung. Im Musée de la Dentelle in der Abbaye Notre-Dame kann man sich – tgl. außer So 14.30–16 Uhr – von der Kunstfertigkeit überzeugen.

Service

Auskunft

Office de Tourisme
Place du Marché
61200 Argentan
Tel. 02 33 67 12 48, Fax 02 33 39 96 61

Bagnoles-de-l'Orne ■ E 5

Bereits die Römer kannten die Quellen von Bagnoles-de-l'Orne. Mit einer Temperatur von 26 °C sprudeln Tag für Tag 1,2 Mio. Liter Wasser aus dem Granitgrund. Der im Forêt des Andaines gelegene Kurort besitzt noch seinen Jahrhundertwende-Charme. Dutzende von Belle-Epoque-Villen mit Türmchen und Erkern erfreuen das Auge beim Schlendern durch den Kurort, der sich um einen kleinen See gruppiert.

Service

Auskunft

Office de Tourisme
Place de la République
61140 Bagnoles-de-l'Orne
Tel. 02 33 37 85 66, Fax 02 33 30 06 75

Bellême ◾ H 6

Das Städtchen liegt in der ehemaligen Provinz Perche, dem südlichen Zipfel der Normandie. Der beschauliche Ort war einst der Sitz der Grafen von Perche, von der damaligen Befestigung ist allerdings bis auf das Stadttor nur noch wenig zu erkennen. An das **Stadttor** schließt sich die **Rue Ville-Clos** an, der schönste Straßenzug von Bellême. Im Zentrum des Ortes liegt die Kirche **Saint-Sauveur**, deren Inneres auffallend reich verziert ist.

Ein malerischer Flecken in der Umgebung ist das nördlich von Bellême gelegene Dorf **Saint-Martin-du-Vieux-Bellême**.

Hotel

Du Golf
Das Hotel (Best Western), direkt am 18-Loch-Golfplatz von Bellême gelegen, dient zugleich als Clubhaus. Moderne, sehr komfortable Zimmer. Tel. 02 33 73 00 07, Fax 02 33 73 00 17
30 Zimmer
Obere Preisklasse (AE, DC, EC/MC, Visa)

Service

Auskunft

Office de Tourisme
Boulevard Bansard-des-Bois
61130 Bellême
Tel. 02 33 73 09 69

Camembert ◾ G 4

Camembert ist eines der wenigen Dörfer, deren Namen wohl in der ganzen Welt bekannt sind. Als »Erfinderin« des Kuhmilchproduktes gilt die aus Camembert stammende Bäuerin Marie Harel (1761–1812); ein Mönch soll ihr das Rezept verraten haben, das sie weiter verfeinerte. In der **Maison du Camembert** dreht sich selbstverständlich alles um den berühmten Käse (Ostern–Nov. tgl. 10–12 und 14–19 Uhr, Eintritt 15 FF). In der benachbarten Kleinstadt **Vimoutiers** hat man nicht nur Marie Harel ein Denkmal errichtet, sondern auch den milchgebenden Kühen mit einem lebensgroßen Exemplar gedankt.

Ein paar Kilometer südlich von Camembert erinnert das **Mémorial de Mont-Ormel** an die letzte blutige Schlacht in der Normandie während des Zweiten Weltkriegs, den sogenannten Kessel von Chambois (Mai–Sept. tgl. 9–19, sonst nur Mi, Sa und So 10–17 Uhr, Eintritt 25 FF). Gute multimediale Aufbereitung.

Château de Carrouges ◾ F 5

Das Schloß von Carrouges hatte einen Vorläufer in einer mittelalterlichen Wasserburg, von der nur mehr der Wassergraben zeugt. Im 15. und 16. Jh. entstand der nüchterne, von seinen Ausmaßen her imposante Ziegelsteinbau. Die Ausstattung ging größtenteils im Laufe der Zeit verloren. Ein Bild von den Räumlichkeiten kann man sich nur im Rahmen einer recht mittelmäßigen Führung machen.
Tgl. in der Saison von 10–12 und 14–17 Uhr (sonst kürzer)
Eintritt 28 FF, erm. 18 FF

Château d'O ■ F 5

Das schon weitgehend im Renaissancestil erbaute Château mit seinem vorgelagerten Torhaus ähnelt einem kleinen Märchenschloß, verziert mit Arkaden, Erkern und Türmchen. Umgeben von einem weitläufigen Park spiegelt sich das Schloß verträumt in seinen Wassergräben. Der dreiflügelige Bau gruppiert sich um einen Innenhof. Die Säulen der Galerie des Südflügels tragen als Verzierungen das Wappentier der Besitzerfamilie, den Hermelin. Im Ostflügel sind noch spätgotische Elemente zu erkennen.
April–Sept. tgl. 14.30–18, Juli und Aug. auch 10.30–12, im Winter tgl. außer Di 14.30–17.30 Uhr
Eintritt 30 FF, erm. 25 FF

Domfront ■ E 5

Domfront entspricht zwar nicht dem typischen, von Fachwerkhäusern geprägten Bild einer normannischen Stadt, nichtsdestotrotz macht die auf dem steil abfallenden Ausläufer einer markanten Erhebung errichtete Stadt einen stattlichen Eindruck. Einen schönen Ausblick hat man von den Resten der einstigen Burg, die heute von einer Grünanlage umgeben ist. Ein sakrales Kleinod ist die zu Füßen der Stadt gelegene romanische Eglise Notre-Dame sur l'Eau; der Chor der aus dem 12. Jh. stammenden Kirche birgt sehenswerte Fresken. Zu beklagen ist, daß im 19. Jh. die hinteren Joche des Kirchenschiffs abgerissen wurden, um für eine Straße Platz zu schaffen.

Mortagne-au-Perche ■ G 5/H 5

Die ehemalige Hauptstadt der Grafschaft Perche ist ein geschichtsträchtiger Ort mit zahlreichen historischen Bauwerken, unter denen die im Flamboyant-Stil gehaltene Kirche Notre-Dame und der frei zugängliche Kreuzgang – durch eine schmale Pforte im Krankenhaus zu erreichen – herausragen. Den besten Blick über die hügelige Umgebung hat man von dem zum Rathaus gehörenden öffentlichen Garten.

Eine kulinarische Spezialität der Region ist die Blutwurst, die nicht nur am Blutwurstmarkt in rauhen Mengen feilgeboten wird, sondern die jährlich im März im Zentrum eines internationalen Wettbewerbs steht, der Foire au Boudin, die der Verein »Chevalier du Goûte Boudin« ausschreibt. Aus Mortagne stammt übrigens der Philosoph Emile-Auguste Chartier (1868–1951), besser bekannt unter seinem Pseudonym Alain; sein Andenken wird im einstigen Palais der Grafen bewahrt.

Saint-Céneri-le-Gérei ■ F 6

Ein paar Dutzend Steinhäuser, die sich auf einem von einer Schleife des Flüßchens Sarthe begrenzten Hügel drängen, eine Kirche und eine pittoreske Brücke – das ist nüchtern betrachtet alles, was Saint-Céneri-le-Gérei zu bieten hat. Doch haben Natur und Menschenhand es vermocht, aus Saint-Céneri-le-Gérei ein normannisches Bilderbuchdorf zu machen. Ein faszinierendes romanisches Kleinod ist die Dorfkirche mit ihrem hölzernen Tonnengewölbe. Der Chor ist mit Fresken aus dem 14. Jh. ausgemalt, darunter Christus als Weltenherrscher.

Gelungene Umsetzung hochgotischer Ästhetik: Kathedrale von Sées

Sées ■ G 5

Das Bistum von Sées ist eines der ältesten der Normandie; bereits im 4. Jh. wurde das römische Sagium als Sitz eines Bischofs erwähnt. Dies mag eine Erklärung dafür sein, daß sich im Zentrum des 5000-Einwohner-Städtchens eine so überaus imposante gotische Cathédrale erhebt. Das rund 700 Jahre alte Gotteshaus – es wird allabendlich angestrahlt – besticht durch seine Leichtigkeit und Eleganz.

Suisse Normande ■ E 4

Zu hohe Berge darf man sich von der Normannischen Schweiz nicht erhoffen, doch in der weitgehend ebenen Normandie erfreuen sich die Augen um so mehr an dieser Hügellandschaft. Ein beliebtes Ausflugsziel ist die **Roche d'Oëtre**. Der markante Felsvorsprung fällt 118 m steil zu einem bewaldeten Tal hin ab. Die Normannische Schweiz läßt sich gut auf einer beschilderten

Rundfahrt erschließen. Als Ausgangspunkte empfehlen sich **Clécy** oder **Thury-Harcourt**; der letztere Ort besitzt sogar ein Freizeitbad mit Riesenrutsche. Wander- und Fahrradfreunde finden ebenfalls ausgeschilderte Touren. Wer sich für das Ökosystem Wasser interessiert, sollte die **Maison de l'Eau de la Rivière** in der Nähe des Weilers Rouvrou besuchen.

Hotel

Moulin du Vey
Die ehemalige Mühle in dem kleinen Weiler Le Vey bei Clécy besitzt nicht nur geschmackvoll eingerichtete Zimmer, auch die normannischen Spezialitäten lassen nichts zu wünschen übrig. Wer will, kann sich direkt gegenüber ein Boot leihen und auf der Orne damit fahren.
Tel. 02 31 69 71 08, Fax 02 31 69 14 14
Dez. und Jan. geschl.
19 Zimmer
Mittlere Preisklasse (AE, DC, EC/MC, Visa)

Ein gemütliches Hotel in der Suisse Normande: Moulin du Vey

Mit seiner Tapisserie und seiner Kathedrale beherbergt Bayeux zwei außergewöhnliche Glanzlichter normannischer Kultur!

Bayeux hatte großes Glück: Weil sich die alliierten Landungstruppen dank des Überraschungseffektes bereits am 7. Juni 1944, dem Tag nach ihrer Landung, der Stadt bemächtigen konnten, wurde Bayeux nicht nur als erste französische Stadt befreit, sondern auch vom schrecklichen Schicksal zahlreicher anderer normannischer Städte wie beispielsweise Caen und Saint-Lô verschont; die Altstadt von Bayeux überstand die Kämpfe so gut wie unversehrt.

Normannische Metropole

Bayeux, das schon zur Zeit der Kelten und Römer besiedelt war, erlebte seine große Blüte unter der Ägide der normannischen Herzöge. **Wilhelm »Langschwert«**, der Sohn Rollos, des Begründers der normannischen Dynastie, erblickte hier das Licht der Welt. Ein Halbbruder Wilhelm des Eroberers, Bischof **Odo de Conteville**, erteilte den Auftrag zum Bau der gotischen Cathédrale, als deren schönsten Schmuck Odo einen berühmten glanzvollen Teppich fertigen ließ, der die heldenhafte normannische Eroberung Englands in zahl-

Bayeux

■ E 3

reichen Szenen schildert. Als in Rouen schon das Französische die Umgangssprache war, gebrauchten die Einwohner von Bayeux noch einige Generationen lang die nordische Sprache der Wikinger.

Mit rund einer Million Besucher pro Jahr ist die überaus sehenswerte Ausstellung rund um die Tapisserie ohne Frage die Hauptattraktion von Bayeux. Doch der Gewerbegürtel, der die Stadt entlang der Umgehungsstraße umschließt, erinnert daran, daß Bayeux als wirtschaftliches Zentrum der Region Bessin nur zu einem kleinen Teil vom Tourismus lebt.

Da sich alle Sehenswürdigkeiten – ausgenommen das **Mémorial de la Bataille de Normandie** – im Stadtzentrum befinden, ist Bayeux leicht und schnell erschlossen. Als markanter Orientierungspunkt dient die **Cathédrale**, in deren unmittelbarer Nähe das Musée Baron Gérard, das Musée Diocésain d'Art Religieux sowie das Mémorial Général de Gaulle zu finden sind. Nur drei Fußminuten entfernt, auf der anderen Seite des Flüßchens Aure, lockt die **Tapisserie de la Reine Mathilde**.

Eine romantische Ecke am Flüßchen Aure mit Blick auf die Kathedrale

Hotels und andere Unterkünfte

Château du Baffy
Das Schloßhotel liegt östlich der
Stadt in einem kleinen Park.
Colombiers-sur-Seulles
14480 Creully
Tel. 02 31 08 04 57, Fax 02 31 08 08 29
35 Zimmer
Mittlere Preisklasse (AE, DC,
EC/MC, Visa)

Château de Bellefontaine
Unweit des Stadtzentrums findet
man Ruhe und Entspannung in stil-
vollen Gemäuern.
49, rue de Bellefontaine
Tel. 02 31 22 00 10, Fax 02 31 22 19 09
15 Zimmer
Mittlere Preisklasse (AE, DC,
EC/MC, Visa)

Château de Sully
→ Der Besondere Tip, S. 16

Ferme de la Rançonnière
Ein paar Kilometer östlich von
Bayeux wurde in dem kleinen Weiler
Crépon ein historisches Landgut
zu einem Hotel umgebaut. Zimmer,
im rustikalen Stil, gutes Restaurant.
Route d'Arromanches
14480 Crépon
Tel. 02 31 22 21 73, Fax 02 31 22 98 39
36 Zimmer
Mittlere Preisklasse (AE, DC,
EC/MC, Visa)

Le Lion d'Or
Freundliches Hotel mit Innenhof,
nur einen Katzensprung von dem
berühmten Wandteppich und der
Cathédrale entfernt. Das Restaurant
steht in dem Ruf, das beste in
Bayeux zu sein.
71, rue Saint-Jean
Tel. 02 31 92 06 90, Fax 02 31 22 15 64
26 Zimmer
Mittlere Preisklasse (AE, DC,
EC/MC, Visa)

Camping
Gleich neben dem Schwimmbad am
Boulevard d'Eindhoven.
Mitte März–Mitte Nov.
Tel. 02 31 92 08 43

Sehenswertes

Cathédrale Notre-Dame
Seit fast 1000 Jahren dominiert die
mächtige Cathédrale das Stadtbild
von Bayeux. Mit dem Bau des
Gotteshauses wurde bereits in der
Mitte des 11. Jh. begonnen, seine
stilistisch vorherrschenden Merkmale erhielt der Kirchenbau aber
erst durch die Gotik. Zu den ältesten
Bauteilen gehört die dreischiffige
Krypta (mit schön gearbeiteten Kapi-
tellen), die jahrhundertelang zuge-
schüttet war.

Museen

Mémorial Général de Gaulle
In Bayeux hielt Général de Gaulle
zwei denkwürdige Reden an das
französische Volk (die »Rede an
das freie Frankreich« vom Juni 1944
sowie die »Rede über die Verfas-
sung«). De Gaulle zu Ehren wurde
dieses Museum mit Bild- und Druck-
dokumenten eingerichtet.
10, rue Bourbesneur
Mitte März–Mitte Nov. 9.30–12.30
und 14–18 Uhr
Eintritt 15 FF

Kombikarte für alle vier nachfolgend
beschriebenen Museen: 65 FF, erm.
30 FF

Musée Baron Gérard
Wertvolle Sammlung von Gemälden
und Spitzenklöppeleien sowie
Fayencen aus Bayeux und Rouen.
Place de la Liberté
Juni–Mitte Sept. tgl. 9–19, sonst
10–12 und 14–18 Uhr
Eintritt 19 FF

Musée Diocésain d'Art Religieux

Direkt gegenüber der Cathédrale können der Kirchenschatz sowie diverse religiöse Kultgegenstände besichtigt werden.
Hôtel du Doyen
Juni–Mitte Sept. tgl. 9–19, sonst 10–12 und 14–18 Uhr
Eintritt 15 FF, erm. 6 FF

Musée Mémorial de la Bataille de Normandie

Wer sich für Militaria jeglicher Art interessiert, kann hier die umfangreichste Sammlung der Region besuchen. Filmvorführung mit Originalaufnahmen.
Boulevard Fabian-Ware
Tgl. 9–19, außerhalb der Saison 9–12.30 und 14–19 Uhr, im Winter 10–12.30 und 14–18 Uhr
Eintritt 28 FF, erm. 20 FF

Tapisserie de la Reine Mathilde

Eine Besichtigung des Wandteppichs ist aufgrund der fundierten Einführung und Kommentierung wie eine Zeitreise in das 11. Jh. Modelle und ein Filmbeitrag erläutern den historischen Kontext.

TOP 2

Das wichtigste Exponat ist selbstverständlich der 70 m lange und 50 cm hohe Wandteppich, der die Eroberung Englands (Schlacht von Hastings 1066) durch Wilhelm den Eroberer erzählt. Auftraggeber war sein Halbbruder Odo de Conteville, der Bischof von Bayeux, der seine Cathédrale mit diesem Prachtstück verzierte. Unbedingt sollte man sich einen Kopfhörer (5 FF, vor dem Ausstellungsraum erhältlich) ausleihen, da die Kommentierung (auch in deutsch) einen tieferen Einblick in die Geschichte des Teppichs bietet.

Rue de Nesmond, Centre Guillaume
le Conquérant
Tgl. 9–19, außerhalb der Saison
9–12.30 und 14–19 Uhr, im Winter
10–12.30 und 14–18 Uhr
Eintritt 33 FF, erm. 15 FF

Essen und Trinken

Churchill
Wer bisher noch keine **tripes à la
mode de Caen** (Kutteln in Weiß-
weinsauce) probiert hat, sollte es
vielleicht einmal in diesem Restaurant versuchen.
14–16, rue Saint-Jean
Tel. 02/31 21 31 80
Im Winter geschl.
Mittlere Preisklasse (EC/MC, Visa)

Service

Auskunft

Office de Tourisme
Pont Saint-Jean
14403 Bayeux Cedex
Tel. 02 31 92 16 26, Fax 02 31 92 01 79

Ausflugsziele

Arromanches-les-Bains
■ E 3

Der kleine Fischer- und Badeort liegt
an der Côte de Nacre, der sogenannten Invasionsküste. Das größte
Problem für die alliierten Landungstruppen bei der Operation Overlord
war das Fehlen eines funktionstüch-
tigen Hafens, der ihre Nachschubprobleme lösen konnte und das
Anlanden schwerer Waffen ermög-
lichte. Da befürchtet werden mußte,
daß die vorhandenen Häfen bei
den Gefechten zerstört würden, entschloß sich das alliierte Oberkom-
mando, einen künstlichen Hafen in
der Bucht von Arromanches-les-
Bains zu errichten. Die Verpflegung
und die Waffen wurden von den
Hafendocks auf »schwimmenden«
Straßen ans Ufer transportiert.
Bis heute erinnern aus dem Meer
ragende Teile an das alliierte Hafenbecken.

In Arromanches-les-Bains erinnert man an die Invasion von 1944

Museum

Musée du Débarquement

Das Museum bietet reichhaltiges Anschauungsmaterial über den alliierten Landungshafen. Erklärt werden die einzelnen Bauphasen ebenso wie die Funktionsweise des bis dato größten künstlichen Hafens der Welt. Einen begleitenden Film kann man über Kopfhörer auch in deutscher Sprache verfolgen.
Tgl. 9–12 und 14–18, im Sommer 9–18 Uhr
Eintritt 30 FF, erm. 20 FF

La Cambe ■ D 3

Genau 21 160 dunkle Granitkreuze und Grabplatten stehen bzw. liegen auf dem deutschen Soldatenfriedhof von La Cambe – ein ewiges Mahnmal gegen den Krieg und Hitlers Wahnsinn; erschreckend das oft jugendliche Alter der Verstorbenen. Auf den insgesamt fünf deutschen Friedhöfen in der Region liegen rund 60 000 deutsche Soldaten begraben.

Château de Balleroy ■ D 3

Das herrlich proportionierte Schloß von Balleroy ist eines der herrschaftlichsten in der Normandie. Dies liegt nicht zuletzt an seiner außergewöhnlichen Lage: Eine von den Häusern des gleichnamigen Dorfes gesäumte Allee führt direkt auf das von 1626 bis 1636 im Louis-treize-Stil erbaute Schloß zu. Interessant ist vor allem das in den Stallungen untergebrachte **Musée des Ballons**, das sich der Geschichte der Ballonfahrt von den Brüdern Montgolfier bis in die Gegenwart widmet. Wer Glück hat, sieht richtige Ballons: Alle zwei Jahre im Juni (1997, 1999 etc.) treffen sich nämlich Ballonfahrer aus aller Welt in Balleroy, bestaunt von rund 40 000 Zuschauern.
Mai–Okt. tgl. außer Mi 9–12 und 14–18 Uhr
Eintritt 35 FF

In Colleville-sur-Mer wird der bei der Invasion gefallenen Soldaten gedacht

Omaha Beach ■ D 3

Die Strandabschnitte der Côte du Nacre tragen heute englische Namen, z.B. Gold Beach, Utah Beach oder Omaha Beach. Es sind die Codenamen, die von den alliierten Landungstruppen verwendet wurden. Der Omaha Beach war wegen der gutbefestigten **Pointe du Hoc**, einem markanten Felsen, der am stärksten umkämpfte Strandabschnitt am Tag der alliierten Landung; die Deutschen leisteten hier besonders heftig Widerstand. Die Landung am Omaha Beach war daher für die amerikanischen Truppen äußerst verlustreich: In rund 24 Stunden starben 3000 Soldaten, ebenso viele wurden verwundet. Die Befestigungsanlagen der Pointe du Hoc mit ihren Kasematten, Schutzräumen und Laufgräben können besichtigt werden.

Die stumm mahnenden, fast 10 000 weißen Kreuze auf dem oberhalb des Strandes gelegenen amerikanischen Soldatenfriedhof (bei **Colleville-sur-Mer**) erinnern an die zahlreichen Opfer, die die amerikanischen Landungstruppen bei den Landungen zu verzeichnen hatten. Mit rund 1,5 Mio. Besuchern pro Jahr steht dieser Friedhof nach dem Mont-Saint-Michel an zweiter Stelle der am häufigsten besuchten Ziele in der Normandie.

Saint-Lô ■ D 3/D 4

Die 50 000 Einwohner zählende Hauptstadt des Départements Manche ist zugleich das wichtigste Verwaltungs- und Wirtschaftszentrum der Region. Dank seiner zentralen Lage entwickelte sich Saint-Lô bereits im Spätmittelalter zum Verkehrsknotenpunkt für den Nordwesten der Normandie; dies wurde der Stadt im Juni 1944 allerdings

zum Verhängnis: Die Fassade der Kirche Notre-Dame erinnert noch an die heftigen Kämpfe, die neun Zehntel der Stadt in Schutt und Asche legten. Im Rahmen des Wiederaufbaus erhielt Saint-Lô ein modernes Stadtbild, in dem der Stil der fünfziger Jahre dominiert.

Sehenswertes

Haras National de Saint-Lô
Das international renommierte Gestüt besitzt 120 Zuchthengste verschiedener Rassen. Eine geführte Besichtigung, die auch einen Einblick in die Geschichte des 1806 von Napoléon gegründeten Gestüts gibt, dauert eine knappe Stunde.
Avenue Maréchal Juin
Fr–Mo 14–17 Uhr
Eintritt 20 FF, erm. 10 FF

Museum

Musée Municipal des Beaux-Arts
In einem ansprechenden Neubau (Centre Culturelle Jean Lurçat) präsentiert das Kunstmuseum neben Tapisserien aus dem 16. und 17. Jh. auch moderne Wandteppiche und Gemälde aus dem 19. Jh. (Eugène Boudin, Camille Corot, Jean François Millet) sowie eine Ausstellung zur Stadtgeschichte.
Place du Champs de Mars
Tgl. außer Di 10–12 und 14–18 Uhr
Eintritt 10 FF, erm. 5 FF

Essen und Trinken

La Gonivière
Direkt über der Brasserie Cigale gelegen, gilt das Restaurant als eines der besten in der Region.
Rond Point du 6 Juin
Tel. 02 33 05 15 36
So geschl.
Mittlere Preisklasse (AM, EC/MC, Visa)

Zwar nahm Caen im Zweiten Weltkrieg schweren Schaden, doch dominieren die gewachsenen historischen Strukturen noch immer die Altstadt.

Aufgrund der günstigen Lage im Zentrum der Normandie und der geringen Entfernung zur Küste baute Wilhelm der Eroberer in der Mitte des 11. Jahrhunderts die kleine Siedlung Caen zu einer der bedeutendsten Residenzstädte seines Herzogtums aus. Mit Vorliebe hielt er sich in Caen auf, das er schnell zu seiner Lieblingsresidenz erkoren hatte. Zusammen mit seiner Frau Mathilde stiftete Wilhelm die Abteien Saint-Etienne sowie Sainte-Trinité – allerdings nicht wegen besonderer Frömmigkeit, sondern zum Dank dafür, daß der Papst seine Exkommunikation zurücknahm, die er neun Jahre zuvor ausgesprochen hatte, weil Wilhelm seine Cousine geheiratet hatte. Um die Stadt zu schützen, wurde auf einem leicht zu verteidigenden Plateau eine mächtige Burg errichtet; diese Burg bildete für die normannischen Herzöge eine hervorragende Bastion, die von hier aus das gesamte Umland kontrollieren konnten.

Studentenstadt

Caen gilt zu Recht als die lebendigste Stadt der Normandie. Dies liegt besonders daran, daß unter

Caen

■ E 3

den 115 000 Einwohnern der Hauptstadt der Region Basse-Normandie und des Départements Calvados 27 000 Studenten leben. Knapp die Hälfte der Bevölkerung ist jünger als 25 Jahre! Da die Gebäude der bereits 1432 gegründeten Universität im Norden direkt an das Château anschließen, strahlt die gesamte Innenstadt viel studentisches Flair aus.

Hafenstadt

Beim Bummel durch das Stadtzentrum wird man angesichts der friedlich im Hafenbecken vor sich hin schaukelnden Jachten und Motorboote erst einmal stutzen, denn Caen ist auch Hafenstadt, mit dem Meer durch einen Seitenkanal der Orne verbunden. Da die Wasserstraße von Handelsschiffen bis zu einer Größe von 15 000 Tonnen befahren werden kann, ist Caen auch beliebter Industriestandort. Für kulturinteressierte Touristen bietet Caen neben mehreren imposanten Kirchenbauten drei attraktive Museen, die sich den Schönen Künsten, der Kulturgeschichte der Normandie sowie dem Gedenken an den Zweiten Weltkrieg widmen.

Die Maison des Quatrans war im 14./15. Jh. Residenz eines reichen Bürgers

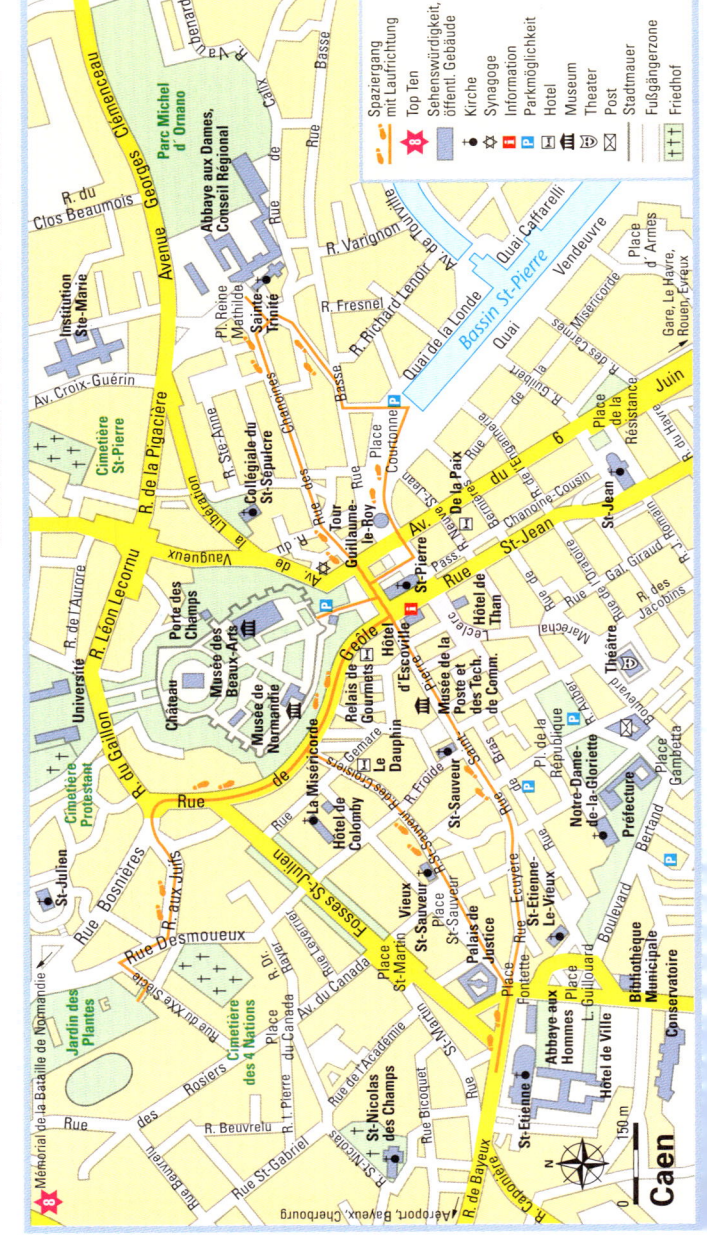

Caen

Hotels und andere Unterkünfte

Le Dauphin
Die Räumlichkeiten lassen an eine ländliche Herberge denken, das Le Dauphin befindet sich aber keineswegs inmitten von Apfelbäumen, sondern direkt unterhalb des Burgfelsens von Caen. Im zugehörigen Restaurant versteht man sich auf raffiniert zubereitete normannische Gerichte.
29, rue Gemare
Tel. 02 31 86 22 26, Fax 02 31 86 35 14
22 Zimmer
Restaurant Sa mittags geschl.
Mittlere Preisklasse (AE, EC/MC, Visa)

De la Paix
Kleines Hotel mitten im Zentrum von Caen mit ausgezeichnetem Preis-Leistungs-Verhältnis.
14, rue Neuve Saint-Jean
Tel. 02 31 86 18 99
20 Zimmer
Untere Preisklasse (AE, EC/MC, Visa)

Relais de Gourmets
Das vornehmste Hotel von Caen. Zentrale Lage.
13-15, rue de Geôle
Tel. 02 31 86 06 01, Fax 02 31 39 06 00
28 Zimmer
Obere Preisklasse (AE, DC, EC/MC, Visa)

Jugendherberge
68, rue Eustache Restout
Juni–Sept.
La Grâce-de-Dieu
Tel. 02 31 52 19 96

Spaziergang

Zu Beginn eines Rundgangs durch Caen liegt es nahe, dem Grab Wilhelm des Eroberers, des größten Förderers der Stadt, einen kurzen Besuch abzustatten. Von der Abteikirche **Saint-Etienne** führt – an dem Platz vor dem neoklassizistischen **Palais de Justice** abzweigend – die leicht gebogene Rue Ecuyère, die wenig später in die Rue Saint-Pierre übergeht, direkt in das Stadtzentrum. An dieser autofreien Einkaufsstraße liegt auch das **Musée de la Poste**; das schönste Fachwerkhaus weit und breit ist kaum zu verfehlen. Die Fußgängerzone endet auf dem Platz zwischen dem **Château** und der gotischen Kirche **Saint-Pierre**; gleich um die Ecke ist das Office du Tourisme in einem repräsentativen Stadthaus untergebracht, dem **Hôtel d'Escoville**.

Bevor man den Burgberg erklimmt, empfiehlt es sich, einen Bogen durch den Osten des Zentrums zu schlagen. An der **Tour Guillaume-le-Roy** vorbei, einem Relikt der Stadtbefestigung, gelangt man zum **Bassin Saint-Pierre**, dem malerischen Jachthafen von Caen. Den östlichsten Punkt des Stadtspaziergangs markiert die Abteikirche **Sainte-Trinité**, in deren Chor Mathilde, die Ehefrau Wilhelm des Eroberers, begraben liegt. Über die Rue des Chanoines führt der Weg zurück in Richtung Château; die Befestigungsanlagen können teilweise begangen werden. Ein Besuch der beiden Museen (**Musée des Beaux-Arts** und **Musée de Normandie**) sollte nicht versäumt werden. Zum Abschluß bietet sich noch ein Abstecher zum täglich geöffneten Botanischen Garten (**Jardin des Plantes**) an, bevor es über die Rue des Croisiers und die Rue Saint-Sauveur zurück zum Ausgangspunkt geht.

Sehenswertes

Château

Das oberhalb der Orne gelegene, steil abfallende Plateau bietet hervorragende Voraussetzungen für den Bau einer wehrhaften Burganlage; dies machten sich die strategisch geschulten Normannen zunutze. Der äußere Burghof, der sich heute als parkähnliche Grünanlage präsentiert, ist so großzügig bemessen, daß er im Bedarfsfall der gesamten Stadtbevölkerung Schutz bieten konnte. Im nördlichen Teil der Burg wurde ein paar Jahrzehnte später zudem ein **Donjon** als letzter Zufluchtsort errichtet. Das weitläufige Areal beherbergt das neuerrichtete **Musée des Beaux-Arts** sowie das **Musée de Normandie**.

Saint-Etienne

Die imposanteste Kirche von Caen ist die 1077 geweihte Abteikirche von Saint-Etienne. Gestiftet von Wilhelm dem Eroberer, fand der berühmteste Herzog der Normandie auch seine letzte Ruhestätte zwischen den aufstrebenden Spitzbogenarkaden von Saint-Etienne. Sein seit 1087 mehrfach geschändetes Grab befindet sich direkt vor dem Altar. Die Klostergebäude der Abbaye aux Hommes können ebenfalls besichtigt werden (Führungen um 9.30, 11, 14.30 und 16 Uhr, Teilnahmegebühr 10 FF).

Saint-Pierre

Zu Füßen des Burgbergs ragt der stattliche Turm der Kirche Saint-Pierre empor. Im Gegensatz zu den beiden anderen bedeutenden Sakralbauten von Caen handelt es sich bei Saint-Pierre um eine ausgesprochene Bürgerkirche.

Sainte-Trinité

Ungefähr zur gleichen Zeit wie Saint-Etienne wurde mit dem Bau des Frauenklosters Sainte-Trinité begonnen; daher ähneln sich die Klosterkirchen auch stark. Der Chor von Sainte-Trinité stammt noch aus romanischer Zeit, ebenso die faszinierende Krypta; als beherrschendes Stilelement tritt der als Triforium bezeichnete schmale, hinter Bogenöffnungen verborgene Laufgang über den Arkaden hervor. Sämtliche Klostergebäude der Abbaye aux Dames stammen hingegen aus dem 18. Jh. Führungen um 14.30 und 16 Uhr

DER BESONDERE TIP

Musée des Beaux-Arts Das intelligent konzipierte Kunstmuseum zählt zu den schönsten seiner Art in Frankreich. Auf 6000 qm Ausstellungsfläche werden die französische, italienische und flämische Malerei aus dem 16.–19. Jh. in der gesamten Breite ihres Spektrums präsentiert. Im Souterrain kommen die Liebhaber zeitgenössischer Kunst auf ihre Kosten. Zudem finden ständig Wechselausstellungen statt, im Schloß, tgl. außer Di und an Feiertagen 10–18 Uhr, Eintritt 20 FF, erm. 10 FF (Mi Eintritt frei)

Museen

Mémorial de la Bataille de Normandie

Durch sein überaus lobenswertes didaktisches Konzept hebt sich dieses multimediale Museum von allen anderen Ausstellungen ab, die sich mit den Kämpfen in der Normandie beschäftigen. Das 1988 von François Mitterrand eröffnete »Museum für den Frieden« zeigt die komplexen historischen Zusammenhänge und Ereignisse des Zweiten Weltkriegs inklusive der Landung der Alliierten und regt darüber hinaus zum Nachdenken über die Unbeständigkeit der Menschenrechte und die Zerbrechlichkeit der Demokratien an; selbst die jüngste Vergangenheit wird nicht ausgespart. Ein Besuch lohnt trotz der hohen Eintrittsgebühr.

Kinder werden auf Wunsch in einem speziellen Raum betreut, so daß sich die Eltern ungestört der Ausstellung widmen können.
Esplanade Général Eisenhower

Tgl. 9–19, im Juli und Aug. bis 21 Uhr
Anfang–Mitte Jan. geschl.
Eintritt 63 FF, erm. 55 FF

Musée de Normandie

Anhand von zahlreichen archäologischen und ethnographischen Funden wird eine fundierte Darstellung des normannischen Kulturraumes von der Frühgeschichte bis in die Gegenwart geboten.
Tgl. außer Di 10–12.30 und 14–18 Uhr
Eintritt 10 FF, erm. 5 FF

Musée de la Poste et des Techniques de Communication

Das reichverzierte Fachwerkhaus ist ebenso sehenswert wie die Ausstellung zur Entwicklung des Postwesens und der Telekommunikation.
52, rue Saint-Pierre
Im Sommer Di–Sa 10–12 und 14–18 Uhr, sonst Di–Sa 13.30–17.30 Uhr, im Jan. und Feb. geschl.
Eintritt 10 FF

Darstellung der Kriegsereignisse im Mémorial de la Bataille de Normandie

Essen und Trinken

Café Mancel

Klassisch-modernes Ambiente direkt neben dem Musée des Beaux-Arts. Restaurant- und Barbetrieb sowie Terrasse.
Le Château
Tel. 02 31 86 63 64
Tgl. 10–1 Uhr, So abends und Mo geschl.
Mittlere Preisklasse (AE, DC, EC/MC, Visa)

La Carlotta

Gilt als die beste Adresse, um in Caen Fisch zu essen. Ein Tip: pot-au-feu de la mer. Diniert wird in mit Spiegeln dekorierten Räumlichkeiten mit Blick auf die Jachten im Hafenbecken.
16, quai Vendeuvre
Tel. 02 31 86 68 99
So abends geschl.
Mittlere Preisklasse (AE, EC/MC, Visa)

Einkaufen

Nicht versäumen sollte man am Sonntagmorgen den **Markt auf der Place Courtonne** und entlang des Hafenbeckens (Bassin Saint-Pierre); es herrscht ein buntes Treiben zwischen den Trödel-, Klamotten- und Essensständen, es wird aber auch Obst und Gemüse verkauft. Jeden Freitagmorgen werden zudem Blumen, Obst und Gemüse auf der Place Saint-Sauveur feilgeboten.

Service

Auskunft

Office de Tourisme
Place Saint-Pierre
14000 Caen
Tel. 02 31 27 14 14, Fax 02 31 27 14 13

Ausflugsziele

Beuvron-en-Auge   ■ F 3

Der an der Route de Cidre gelegene Weiler zählt zu den 100 schönsten Dörfern Frankreichs. Den Mittelpunkt – Zentrum wäre sicher übertrieben – von Beuvron-en-Auge bildet ein kleiner Platz, der von malerischen Fachwerkhäusern gesäumt wird. Fürwahr eine ländliche Postkarten-Idylle! Zur Hauptreisezeit ist es allerdings sehr überlaufen.

Cabourg   ■ F 3

Das Seebad Cabourg entstand in der zweiten Hälfte des 19. Jh. auf dem Reißbrett. Kapitalkräftige Pariser Investoren setzten mit Erfolg auf einen anhaltenden Boom des Küstentourismus, wie er im benachbarten Trouville bereits florierte. Der berühmteste Sommergast Cabourgs war der Schriftsteller **Marcel Proust**, der schon als Kind nach Cabourg kam, um sein Asthma zu kurieren. Das Seebad diente ihm später als Vorlage für den Ort »Balbec« in seinem Romanwerk »Auf der Suche nach der verlorenen Zeit«.

Hotel

Pullmann Grand Hôtel

Zwischen 1907 und 1914 verbrachte Marcel Proust jeden Sommer im Grand Hôtel von Cabourg. Bis heute ist hier viel vom Flair der Jahrhundertwende erhalten geblieben. Im großzügig angelegten Salon »Marcel Proust« speist man in distinguierter Atmosphäre mit Blick aufs Meer.
Promenade Marcel Proust
Tel. 02 31 91 01 79, Fax 02 31 91 03 20
70 Zimmer
Obere Preisklasse (AE, DC, EC/MC, Visa)

Château de Fontaine-Henry ■ E 3

Das Schloß ist aus einer das Tal der Mue beherrschenden Burg hervorgegangen. Stilistisch entstand der Bau an der Schwelle von der Gotik zur Renaissance.
Ostern–Okt. Sa und So 14.30–18.30 Uhr, Mitte Juni–Mitte Sept. tgl. außer Di 10–12 und 14.30–18.30 Uhr
Eintritt 30 FF

Creully ■ E 3

Creully, ein lebendiges kleines Städtchen, liegt malerisch auf einer Anhöhe über dem tief eingeschnittenen Seulles-Tal. Sehenswert ist das Château, dessen älteste Teile aus dem 12. Jh. stammen. Von der Terrasse der Burg hat man einen schönen Blick über das Tal.

Deauville ■ F 3

Deauville ist das mit Abstand mondänste Seebad an der normannischen Küste; luxuriöse Bauten im exaltierten Geschmack der Belle Epoque prägen noch immer das Stadtbild. Der elitäre Unterschied wird deutlich, sobald man von der Nachbarstadt Trouville kommend das Flüßchen Touques überquert hat. Außer im Casino – kein Geringerer als Nijinskij tanzte 1912 mit dem russischen Ballett anläßlich der Einweihung – läßt sich in Deauville auf einer der berühmtesten Pferderennbahnen Frankreichs sowie auf dem herrlichen Golfplatz Zerstreuung finden. Die Stadtväter sind bemüht, den guten Ruf ihrer Stadt zu konservieren: Die Kabinen am Strand tragen die Namen der Stars, die das Seebad während des amerikanischen Filmfestivals beehrten.

Hotel

Normandy

Alteingesessenes Nobelhotel im Fachwerkstil, direkt hinter der Strandpromenade gelegen.
38, rue Jean Mermoz
Tel. 02 31 98 66 22, Fax 02 31 98 66 23
308 Zimmer
Luxusklasse (AE, DC, EC/MC, Visa)

Service

Auskunft

Office de Tourisme
Place de la Mairie
14800 Deauville
Tel. 02 31 88 21 43, Fax 02 31 88 78 88

Dives-sur-Mer ■ F 3

In der einst sehr breiten Mündung der Dives sammelte und rüstete »Wilhelm der Bastard« – wie er damals noch genannt wurde – mehrere Wochen lang seine für die Eroberung Englands bestimmte Flotte. Die große Attraktion von Dives-sur-Mer ist heute aber die rund 500 Jahre alte Markthalle: eine imposante dreischiffige Konstruktion aus Eichenholz, in der jeden Samstag – wie auch auf dem benachbarten Platz – ein großer, farbenfroher Markt abgehalten wird. Gleich an den Marktplatz grenzt ein sehenswertes Fachwerkensemble an, das werbewirksam als Village de Guillaume le Conquérant bezeichnet wird.

Falaise ■ F 4

Falaise wirbt für sich mit dem Slogan, »das Herz der Normandie« zu sein. Dies ist in doppelter Hinsicht richtig. Zum einen liegt Falaise geographisch im Zentrum der Normandie, zum anderen wurde kein Geringerer als Wilhelm der Eroberer, der uneheliche Sohn Herzog Roberts und der aus Falaise stammenden Färberstochter Arlette, in eben dieser Stadt geboren.

Vom Zweiten Weltkrieg stark gezeichnet, besitzt Falaise mehrere stattliche Kirchen und ein mächtiges Château. Der Donjon wird derzeit renoviert und kann daher nur von außen begutachtet werden.

Lisieux ■ G 3/G 4

Wenn man über Lisieux, den geschäftigen Mittelpunkt des Pays d'Auge, spricht, kommt man fast zwangsläufig auf die **heilige Thérèse** zu sprechen. Zwar kann Lisieux auf eine bald 2000jährige Geschichte zurückblicken und besitzt eine kunsthistorisch interessante frühgotische **Cathédrale**, doch strömen alljährlich rund eine Million Pilger zum Grab der heiligen Thérèse in der protzig-monumentalen **Basilika** am Stadtrand – nur Lourdes wird von mehr Pilgern besucht. 1889 trat Thérèse Martin im zarten Alter von 15 Jahren in das strenge ortsansässige Karmeliterinnenkloster ein, führte ein überaus frommes und demütiges Leben, bevor sie mit nur 25 Jahren an Tuberkulose starb. Erzählungen von Wundertaten kamen auf, und bereits 1925 wurde Thérèse heiliggesprochen, wenig später begann man mit dem Bau der Basilika im weitgehend neobyzantinischen Stil. Gekrönt wird die Basilika von einer 93 m hohen Kuppel.

Unterkunft

Camping Le Colombier
Gepflegter Campingplatz mit Swimmingpool und großzügigem Kinderspielplatz.
14590 Moyaux
Tel. 02 31 63 63 08, Fax 02 31 63 15 97

Service

Auskunft

Office de Tourisme
11, rue d'Alençon
14107 Lisieux Cedex
Tel. 02 31 62 08 41, Fax 02 31 62 35 22

Saint-Pierre-sur-Dives ■ F 4

Saint-Pierre-sur-Dives besitzt die wohl älteste Markthalle der Normandie. Das langgestreckte, hochgiebelige Gebäude stammt noch aus dem 12. Jh., die schweren Brandschäden aus dem Jahr 1944 konnten beim Wiederaufbau beseitigt werden. Ebenso imposant sind die gotische Kirche des ehemaligen Benediktinerklosters sowie der zugehörige dekorative Kapitelsaal und der Kreuzgang. Die einstigen Klostergebäude wurden in ein **Musée de Techniques de Fromagères** umgewandelt. Für Käseliebhaber sollte ein Besuch dieses Käsemuseums zum Pflichtprogramm gehören (tgl. 9.30–12.30 und 14–18 Uhr, Eintritt 15 FF). Zu sehen ist eine informative Darstellung der verschiedenen Phasen der Käseherstellung bis zum Vertrieb des fertigen Produkts.

Sword Beach ■ E 3/F 3

An diesem westlich von Ouistreham gelegenen Strandabschnitt betraten die englischen Landungstruppen am 6. Juni 1944 um 7 Uhr 25 französischen Boden. Wenig später wurde die strategisch wichtige »Pegasus Bridge« erobert. An die Kämpfe erinnern noch das **Musée du Mur de l'Atlantique**, das in einem ehemaligen Feuerleitungsposten untergebracht ist, sowie das **Musée du Commando Nr. 4** in der Nähe des Casinos.

Trouville ■ F 3

Älter und traditionsreicher als das benachbarte Deauville, hat Trouville seine gewachsenen Strukturen bewahrt, die viel Flair ausstrahlen. So dient beispielsweise der Hafen von Trouville nicht nur als Ankerplatz für edle Jachten, sondern wird auch von den einheimischen Fischern rege frequentiert. Das Strandleben verläuft in legereren Bahnen, die Stadt eignet sich auch für den ganz normalen Familienurlaub. Direkt neben dem obligatorischen Casino befinden sich ein Hallen- mit angrenzendem beheiztem Freibad sowie ein Kinderspielplatz. Das schönste Vergnügen, das Trouville wahrscheinlich zu bieten hat, ist ein Spaziergang auf den **planches**, wie die aus hölzernen Latten zusammengefügte Strandpromenade genannt wird. Kunstfreunde können sich in der Villa Montebello die Zeit vertreiben. Das stattliche Haus beherbergt das städtische Museum mit einer Gemäldegalerie.

Hotel

Clos Saint-Gatien

Wohnen im Landhausstil bietet das Clos Saint-Gatien in dem kleinen Dorf Saint-Gatien-des-Bois im Hinterland von Trouville und Honfleur. Eine gute Adresse zum Ausspannen (Hallen- und Freibad, Sauna, Whirlpool sowie Tennisplatz vorhanden). Im zugehörigen Restaurant läßt es sich gepflegt speisen.
Tel. 02 31 65 16 08, Fax 02 31 65 10 27
53 Zimmer
Obere Preisklasse (AE, DC, EC/MC, Visa)

Sehenswertes

Aquarium Ecologique

Direkt am Strand von Trouville geben die zahlreichen Aquarien einen Einblick in die Unterwasserwelt.
Juli und Aug. 10–19.30 Uhr, sonst 10–12 und 14–18.30 Uhr, im Winter nur 14–18 Uhr
Eintritt 30 FF, erm. 20 FF

Weniger mondän als das benachbarte Deauville, dafür äußerst populär: Trouville

Das an der Nordküste der Halbinsel Cotentin gelegene Cherbourg ist eine quirlige Hafenstadt: Containerschiffe und Kräne prägen das Stadtbild.

Cherbourg
■ C 2

Mit mehr als 92 000 Einwohnern ist Cherbourg die unbestrittene Metropole des Départements Manche. Cherbourg ist Militärhafen, Handelshafen, Fischereihafen sowie Fährhafen nach Großbritannien und Irland. Die weitausgreifende künstliche Reede läßt sich vom 112 Meter über der Stadt thronenden Fort du Roule besonders gut überblicken. Die Nähe zum englischen Königreich war es, die Ludwig XIV. und ein gutes Jahrhundert später auch Napoléon veranlaßten, das kleine Fischerdorf zu einem imposanten militärischen Stützpunkt ausbauen zu lassen. Wegen der strategischen Bedeutung Cherbourgs war es auch ein vorrangiges Ziel der alliierten Landungstruppen, den Hafen zu kontrollieren. Nach drei Wochen schwerer Kämpfe waren Cherbourg und die gesamte Halbinsel Cotentin in den Händen der Alliierten. Das militärische Interesse an Cherbourg hielt auch nach Kriegsende ungebrochen an: Ein Teil des Hafens ist daher Sperrgebiet.

Cherbourg versank kurz vor der Befreiung 1944 in Schutt und Asche

Hotel

Grand Hôtel

Vornehm geht es hier zwar nicht zu, doch verbirgt sich hinter dem schönen Eingangsportal ein angenehmes Hotel unter netter Leitung.
42, rue de la Marine
Tel. 02 33 43 04 02, Fax 02 33 43 32 22
27 Zimmer
Mittlere Preisklasse (AE, EC/MC, Visa)

Sehenswertes

Parc Emmanuel-Liais

Kleine grüne Oase unweit des Stadtzentrums mit zwei Gewächshäusern, einem Kinderspielplatz und dem **Musée d'Ethnographie, d'Histoire Naturelle et d'Archéologie** (tgl. außer Mo 10–11.45 und 14–16.45 Uhr, So nur 14–16.45 Uhr, Eintritt 10 FF, erm. 5 FF).
22, rue de la Bucaille

Sainte-Trinité

Die spätgotische Kirche wurde anstelle eines Vorgängerbaus, der im Hundertjährigen Krieg zerstört worden war, errichtet. Ungewöhnlich ist das reichdekorierte Kirchenschiff, beachtlich der barocke Altar.

Museen

Musée de la Libération/Fort du Roule

Ein Besuch des Forts empfiehlt sich schon allein wegen des Panoramablickes auf Cherbourg und das weitläufige Hafenareal. Das Museum widmet sich der Befreiung Frankreichs aus lokaler Sicht, wobei auch der Alltag während der deutschen Besatzung dokumentiert wird.
Tgl. 9.30–18 Uhr, in der Nebensaison tgl. außer Mo 9.30–12 und 14.30–17.30 Uhr
Eintritt 20 FF, erm. 10 FF

Musée Thomas-Henry

Das Sammlungsspektrum des Museums (Gemälde und Skulpturen) reicht vom 15. bis zum 19. Jh. Zur Sammlung gehören hauptsächlich italienische und französische Meister – darunter rund 20 Gemälde des normannischen Malers Jean-François Millet –, aber auch zwei Gemälde aus der Werkstatt von Lucas Cranach d. Ä. sowie ein Werk von Fra Angelico.
Centre Culturel, rue Vastel
Tgl. außer Di 9–12 und 14–18 Uhr
Eintritt 15 FF

Essen und Trinken

Le Café de Paris

In den hellen, modern eingerichteten Räumlichkeiten werden die besten Fischgerichte der Stadt zubereitet. Der Genuß erhöht sich durch den Blick auf den Hafen.
40, quai de Caligny
Tel. 02 33 43 12 36
Wechselnder Ruhetag
Mittlere Preisklasse (EC/MC, Visa)

Le Petit Marché

Schlichtes, rustikal gehaltenes Restaurant. Ein Besuch erfreut den Gaumen und schont die Reisekasse. Gegrillt wird auf Holzkohle.
59, rue au Blé
Tel. 02 33 53 67 64
Sa mittags und So geschl.
Untere Preisklasse (EC/MC, Visa)

Service

Auskunft

Maison de Tourisme
2, quai Alexandre III
50100 Cherbourg
Tel. 02 33 93 52 02, Fax 02 33 53 66 97

SEHENSWERTE ORTE UND AUSFLUGSZIELE

Eine schöne Steinmetzarbeit
an der gotischen Kirche Notre-Dame
in Carentan

Ausflugsziele

Barfleur ■ C 2

Wer von Saint-Vaast-la-Hougue nach Barfleur fährt, sollte unbedingt einen Abstecher zur kleinen **Kirche von La Pernelle** unternehmen. Die Kirche an sich ist zwar nicht besonders sehenswert, dafür bietet der 123 m hohe Hügel einen grandiosen Ausblick auf die Küste. Barfleur selbst ist ein beschaulicher Küstenort, der schon zweimal eine bedeutende Rolle in der normannischen Geschichte gespielt hat. 1066 hat Wilhelm der Eroberer seine Flotte in Barfleur gesammelt, um wenig später nach England aufzubrechen; 1120 lief ein Schiff mit Wilhelms Enkelkindern und prädestinierten Thronfolgern auf Grund, wobei die Königssöhne ertranken. Bevor die Stadt 1346 von den Engländern

zerstört worden war, zählte Barfleur 9000 Einwohner – diese Größe sollte die Stadt nie mehr erreichen. Berühmt wurde Barfleur durch Künstler und Literaten; Paul Signac und Henri Chardon ließen sich von Licht und Meer inspirieren.

Barneville-Carteret ■ B 3

Das zusammengewachsene Hafenstädtchen ist ein traditioneller Urlaubsort an der Westküste der Halbinsel Cotentin. Vor allem der Sandstrand von Barneville und die lebhafte Uferpromenade mit Geschäften, Bars und Restaurants erfreuen sich im Sommer großer Beliebtheit. Die Pfarrkirche **Saint-Germain** besitzt ungewöhnlich reich verzierte Kapitelle. Zwischen Carteret und der Insel Jersey verkehren regelmäßig Schiffe.

Cap de la Hague ■ B 2

Der nördlichste Punkt der Halbinsel Cotentin gefällt durch seine wildzerklüftete Landschaft und die tosenden Fluten. Doch genießt die Region von La Hague wegen der wenige Kilometer südlich errichteten atomaren **Wiederaufbereitungsanlage** – ein nicht zu übersehender Fremdkörper – keinen guten Ruf. Das Unternehmen bringt allerdings Devisen ins Land: Rund zwei Drittel der bundesdeutschen Atomabfälle werden in dieser bedeutendsten Wiederaufbereitungsanlage Europas entsorgt. Eine Fahrt zum nordwestlichsten Punkt der Normandie ist dennoch lohnenswert, vor allem, da sich an diesem »Ende der Welt« der Koch der **Auberge de Goury** (Port de Goury, Tel. 02 33 52 77 01, im Sommer Mo, im Winter Sa geschl., Mittlere Preisklasse) darauf versteht, ganz vortreffliche Fischgerichte zuzubereiten.

Carentan   ■ C 3

Das rege frequentierte Landstädtchen, das sich selbst als »Tor zum Cotentin« bezeichnet, ist bekannt für seinen großen **Viehmarkt**. Sehenswert sind eine Häuserfront mit Arkaden an der dreieckigen Place de la République und im Zentrum eines monotonen Platzes die gotische Kirche **Notre-Dame**.

Château de Nacqueville   ■ B 2

Im Westen von Cherbourg liegt das im Renaissancestil errichtete Schloß inmitten eines idyllischen englischen Gartens mit Wasserfällen und Bassins.
Führungen: Ostern–Sept. tgl. außer Di und Fr um 14, 15, 16, und 17 Uhr
Eintritt 25 FF

Lessay   ■ C 3

Die bedeutendste Sehenswürdigkeit von Lessay ist die am Ortsrand gelegene Kirche einer 1056 gestifteten Benediktinerabtei. Die **Abteikirche** gilt nicht nur als der normannische Sakralbau, der den romanischen Baustil am besten bewahrt hat, das Gewölbe besitzt zudem die ältesten erhaltenen Kreuzrippen. Großes Lob muß auch den Restaurateuren gezollt werden, die die nach Kriegsende in Trümmern liegende Kirche in mühsamer dreizehnjähriger Arbeit wiederaufgebaut haben.

Nez de Jobourg   ■ B 2

Die herb-romantische Küstenregion rund um den Felsvorsprung Nez de Jobourg ist eine der reizvollsten der Normandie. Ein Stück weiter südlich bei Biville erstreckt sich hinter dem schönen Sandstrand eine ausgedehnte Dünenlandschaft.

Das Château de Nacqueville demonstriert den Lebensstil des Landadels

Quinéville ■ C 2

Der kleine, wenig spektakuläre Badeort an der Ostküste des Cotentin besitzt ein Schloßhotel sowie ein gutkonzipiertes Museum über die Befreiung der Normandie. Bei Ebbe scheint der Strand von Quinéville schier endlos. Der Ort liegt an einer der schönsten Küstenstraßen der Normandie, der sogenannten »Route des Alliés«.

Hotel

Château de Quinéville

Freizeitschloßherren steigen in der ehemaligen Residenz von James II. Stuart ab. Sie liegt östlich von Valognes in der Ortschaft Quinéville. Fast alle Zimmer blicken auf den 14 ha großen Park mit Teich hinaus, der ebenso wie das Restaurant nicht nur für Hotelgäste zugänglich ist.
Quinéville-Plage
Tel. 02 33 21 42 67, Fax 02 33 21 05 79
24 Zimmer
Mittlere Preisklasse (AE, EC/MC, Visa)

Museum

Musée de la Liberté

Dieses Museum beleuchtet den Themenkomplex Zweiter Weltkrieg von einer anderen Seite als die meisten Museen; es thematisiert ausführlich die Schattenseiten des Krieges, zeigt die Entbehrungen der Zivilbevölkerung, das Sterben der Soldaten sowie den französischen Alltag während der deutschen Okkupation. Mehrmals täglich findet eine Filmvorführung statt.
Avenue de la Plage
Juni–Sept. 9.30–18.30 Uhr, April, Mai und Okt. 10–12 und 14–18 Uhr
Eintritt 30 FF, erm. 20 FF

Sainte-Mère-Eglise ■ C 3

John Steele ist quasi der Ehrenbürger von Sainte-Mère-Eglise, Restaurants und Hotels tragen seinen Namen. Aber wer ist nun John Steele? Wem bis dato kein Licht aufgegangen ist, muß nur einen kurzen Blick auf den Kirchturm werfen, und der bekannte Aha-Effekt tritt ein. Am Kirchturm baumelt zur Erinnerung an John Steele eine menschliche Attrappe an einem Fallschirm. Richtig: John Steele war jener unglückliche Fallschirmspringer, der bei seiner Landung mitten in der Nacht justament am Kirchturm hängenblieb. Nach stundenlangem bangen Warten, währenddessen er sich tot stellte, konnte Steele schließlich aus seiner mißlichen Lage befreit werden. Die Szene wurde später in dem amerikanischen Spielfilm »Der längste Tag« verfilmt. Logisch, daß kein anderer Ort als Sainte-Mère-Eglise für ein Fallschirmspringermuseum in Betracht kommen konnte.

Unterkunft

Camping Le Cormoran

Der Dreisterneplatz direkt am Meer besitzt zudem ein beheiztes Schwimmbad.
Mai–Mitte Sept. geöffnet.
Ravenoville-Plage
Tel. 02 33 41 33 94

Museen

La Ferme-Musée du Cotentin

Das in einem traditionellen Kalksteinhof aus dem 17./18. Jh. untergebrachte Bauernhausmuseum gewährt Einblicke in die ländliche Vergangenheit.
Ostern–Okt. 10–12 und 14–19 Uhr, Di geschl., Juli und Aug. tgl. 10–12 und 14–19 Uhr
Eintritt 20 FF, erm. 10 FF

Musée des Troupes Aéroportées
In zwei Gebäuden, die die Form eines geöffneten Fallschirms haben, dreht sich alles um die berühmte Luftlandung der alliierten Truppen. Markantestes Exponat ist ein Transportflugzeug mit Puppen in originaler Fallschirmspringermontur.
Feb.–Mitte Dez. tgl. 10–12 und 14–18 Uhr, im Sommer durchgehend 9–18.45 Uhr
Eintritt 25 FF, erm. 10 FF

Saint-Vaast-la-Hougue
■ C 2

Das kleine, aber betriebsame Hafenstädtchen an der Ostküste der Halbinsel Cotentin ist ein Zentrum der Austernfischerei. Vor rund 300 Jahren entwarf der begnadete Festungsbaumeister Ludwig XIV., Sébastien de Vauban, im Süden von Saint-Vaast ein **Fort** zur Sicherung des Hafens gegen englische Übergriffe, das allerdings nicht besichtigt werden kann. Ein schöner Spaziergang am Meer entlang führt dorthin. Weitere Attraktionen sind ein **Jachthafen** sowie die vorgelagerte **Ile de Tatihou**. Auch für das dortige Fort hat Vauban die Pläne geliefert. Später diente das bei Flut nur 700 m lange und 400 m breite Eiland als Lazarett und Quarantänestation.

Die Kosten für die Schiffsfahrt zur Insel mit Museumsbesuch und Besichtigung des Vauban-Turms betragen 50 FF. Von Mai bis Sept. verkehrt das Amphibienschiff zwischen 10 und 12 sowie 14 und 17 Uhr. Da aus Naturschutzgründen täglich nur 500 Touristen die Insel besuchen dürfen, empfiehlt sich in der Hochsaison und am Wochenende eine Reservierung unter Tel. 02/33 23 19 92.

Utah Beach
■ C 2/D 3

Der Utah Beach ist ein historisch bedeutsamer Strandabschnitt: Am 6. Juni 1944 um 6.30 Uhr betraten die ersten amerikanischen Landungstruppen am Utah Beach französischen Boden. Die Amerikaner trafen hier auf weniger Widerstand als erwartet und hatten bis zum Abend den Küstenabschnitt und das zugehörige Hinterland bis Sainte-Mère-Eglise unter Kontrolle. Zum Gedenken daran wurde rund um einen erstürmten Bunker das **Musée du Débarquement** errichtet. Ausgestellt sind Bilder und Dokumente.
April–Mitte Sept. tgl. 10–18.30 Uhr, wochentags 12–14 Uhr geschl.
Eintritt 27 FF, erm. 10 FF

Valognes
■ C 2

Im Zentrum der Halbinsel Cotentin gelegen, hat sich Valognes den Ruf eines »Versailles der Normandie« erworben. Wohlhabende Bürger und Adelige residierten in prächtigen kleinen Palais. Leider büßte die Stadt während des Zweiten Weltkriegs bei den Kämpfen um die Normandie viel von ihrer einstigen Atmosphäre ein.

Museum

Musée Régional du Cidre
In dem kleinen Museum dreht sich fast alles um den berühmten Apfelwein. Zu sehen sind z.B. alte Zerkleinerungsmaschinen und Pressen die seit dem 16. Jh. zur Cidreherstellung benutzt wurden, außerdem Szenen aus dem normannischen Alltagsleben sowie Kostüme.
Rue du Petit Versailles
April–Sept. tgl. außer Mi und So 10–12 und 14–18 Uhr
Eintritt 10 FF

Dieppe, das älteste Seebad an der französischen Kanalküste, hat sich um den Tourismus ebenso verdient gemacht wie um die Entdeckung der Weltmeere.

Dieppe

■ I 1

Seit alters her erfreute sich der geschützte Hafen von Dieppe in Seefahrerkreisen großer Beliebtheit. Nicht grundlos leitet sich der Name Dieppe vom angelsächsischen »deep« (tief) ab. Im Zeitalter der großen Entdeckungsfahrten war Dieppe sogar einer der wichtigsten Häfen Europas: Der Normanne Jean de Béthencourt segelte 1402 von hier aus zu den Kanarischen Inseln und nahm im Namen der spanischen Krone Lanzarote in Besitz. Doch nicht genug: Die Schiffe, die Brasilien, Guinea, Neuengland und Florida entdeckten und den französischen Teil Kanadas besiedelten, stachen gleichfalls von Dieppe aus in See. Einen empfindlichen Schlag mußte Dieppe im Jahre 1694 hinnehmen, als eine englisch-holländische Flotte große Teile der Stadt in Trümmer legte. Heute ist Dieppe zwar die größte und lebendigste Stadt an der Côte d'Albâtre, doch die bröckelnden Fassaden erinnern daran, daß der Fährhafen schon weit bessere Zeiten gesehen hat.

Die Geschichte Dieppes steht und fällt mit seinem Hafen

Hotels und andere Unterkünfte

Aguado
Direkt am Strand gelegen, strahlt das Hotel den Charme der siebziger Jahre aus.
30, bd. de Verdun
Tel. 02 35 84 27 00, Fax 02 35 06 17 61
56 Zimmer
Mittlere Preisklasse (EC/MC, Visa)

Les Arcades
Ideal für diejenigen, die schon vor dem Frühstück einen Blick auf den Hafen von Dieppe werfen wollen. Der Komfort ist durchschnittlich, das Restaurant enttäuscht nicht.
1–3, arcades de la Bourse
Tel. 02 35 84 14 12, Fax 02 35 40 22 29
21 Zimmer
Mittlere Preisklasse (EC/MC, Visa)

Epsom
Komfortables familiäres Hotel, die meisten Zimmer gehen auf das Meer hinaus.
11, bd. de Verdun
Tel. 02 35 84 10 18, Fax 02 35 40 03 00
28 Zimmer
Mittlere Preisklasse (AM, DC, EC/MC, Visa)

Au Grand Duquesne
Das zur Logis-de-France-Vereinigung gehörende Hotel empfiehlt sich vor allem auch wegen seiner ausgezeichneten Küche. Wer Halbpension bucht, macht sicher keinen Fehler.
15, place Saint-Jacques
Tel. 02 35 84 21 51
12 Zimmer
Untere Preisklasse (EC/MC, Visa)

Jugendherberge
2 km südlich von Dieppe.
48, rue Louis Fromager
76550 Saint-Aubin-sur-Scie
Tel. 02 35 84 85 73

Sehenswertes

Fischerviertel Le Pollet
Das alte Fischerviertel Le Pollet erstreckt sich am rechten Ufer des Arques. Mit seinen engen, verwinkelten Gassen und schmalen Treppengängen strahlt das Viertel viel Charme aus.

Place du Puits-Salé
Der Brunnen auf diesem Platz mischte sich früher oft mit dem Meerwasser, daher rührt auch sein Name. An dem Platz beginnt die Grande Rue, die Haupteinkaufsstraße von Dieppe.

Porte des Tourelles
Das einzige erhaltene mittelalterliche Stadttor verbindet den Boulevard de Verdun, die breite Strandpromenade, mit dem Zentrum.

Saint-Jacques
Die kunstgeschichtlich bedeutendste Kirche von Dieppe vereint verschiedene Baustile aus der Zeit vom 12. bis zum 17. Jh., wobei die Gotik aber das vorherrschende Element ist. Sehenswert sind die 20 Kapellen in den Seitenschiffen von Saint-Jacques sowie die Abschlußwand der Sakristei im nördlichen Chorumgang, die im Zeitalter der Renaissance vollendet wurde.

Vieux Château
Das erhöht auf der Steilküste westlich der Stadt thronende Schloß, ein massiger Bau aus dem 15. Jh., sollte einst den Hafen vor Angriffen der englischen Flotte schützen. Nach diversen Nutzungen, unter anderem als Gefängnis, birgt das Schloß heute ein sehr bedeutendes Elfenbeinmuseum (→ S. 68).

Museen

E.S.T.R.A.N. – Cité de la Mer

Das erst 1993 eröffnete Ozeanographische Museum informiert über die normannische Küstenlandschaft und die verschiedenen Fischfangtechniken; ein paar Aquarien sowie eine Ausstellung zur Meeresevolution schließen sich an. Jüngere Besucher spielen mit Vorliebe mit den kleinen ferngesteuerten Booten.
37, rue de l'Asile Thomas
April–Sept. 10–12 und 14–19 Uhr, Okt.–März 10–12 und 14–18 Uhr, zwischen Weihnachten und Neujahr geschl.
Eintritt 25 FF, erm. 15 FF

Musée du Château

Dieppe war lange Zeit das Zentrum einer in Europa seltenen Kunst, der Elfenbeinschnitzerei. Neben einer umfangreichen Sammlung geschnitzten Elfenbeins aus der Zeit vom 16.–19. Jh. – wertvollstes Exponat ist ein prachtvoller Dreimaster – gewährt das Museum einen Einblick in die Lokalgeschichte; Freunde moderner Kunst kommen aber nicht zu kurz: Neben einem kleinen Saal mit Grafiken von Georges Braque und Gemälden von Auguste Renoir, Camille Pissaro, Alfred Sisley und Raoul Dufy besitzt das Museum zahlreiche zeitgenössische Werke von weniger bekannten Künstlern.
Juni–Sept. tgl. 10–12 und 14–18 Uhr, Okt–Mai nur –17 Uhr sowie Di geschl.
Eintritt 13 FF

Essen und Trinken

La Musardière

Bekannte Adresse für exquisite Fischgerichte à la dieppoise, direkt am Hafen.
61, quai Henri IV
Tel. 02 35 82 94 14
Mo geschl., in der Nebensaison auch So abends
Mittlere Preisklasse (EC/MC, Visa)

Eine der spektakulärsten Elfenbeinarbeiten des Musée du Château

Le Saint-Jacques

Während die intimen Räumlichkeiten ins 18. Jh. zurückversetzen, stellt die zeitgenössische Küche auch anspruchsvolle Gäste zufrieden. Der Besitzer Benoît Carteret, der einer alten normannischen Familie entstammt, hat sein Handwerk übrigens an der Côte d'Azur erlernt.
12, rue de l'Oranger
Tel. 02 35 84 52 04
Mi und Do vormittags geschl.
Mittlere/Obere Preisklasse

Les Tourelles

Unweit des einzigen erhaltenen mittelalterlichen Stadttors und des Spielkasinos. Traditionelle normannische Kost zu moderaten Preisen.
43, rue du Commandant Fayolle
Tel. 02 35 84 15 88
Di abends und Mi (Nebensaison) geschl.
Untere Preisklasse (EC/MC, Visa)

Service

Auskunft

Syndicat d'Initiative
Pont Ango (Quai du Carénage)
76200 Dieppe
Tel. 02 35 84 11 77, Fax 02 35 06 27 66

SNCF-Bahnhof
Tel. 02 35 98 50 50

Fährverbindungen

Die Reederei Stena Sealink fährt täglich viermal über den Ärmelkanal nach Newhaven; die Fahrt dauert etwa vier Stunden.
Tel. 02 35 06 39 01

Kinderspielplatz

Der weitläufige Kinderspielplatz zwischen Casino und Strand bietet Abwechslung für die kleinen Urlauber.

Ausflugsziele
Cany-Barville ■ H 1/H 2

Umrahmt von einem großen Park und Wassergräben, zählt das von Pierre le Marinier erbaute Château de Cany zu den stattlichsten der Normandie. Es liegt ein Stück südlich des beschaulichen Städtchens Cany-Barville im Tal der Durdent und stammt aus der Mitte des 17. Jh. Der symmetrische, von zwei Eckpavillons eingerahmte Bau besitzt noch großteils seine originale Einrichtung.
Juli und Aug. tgl. außer Fr 10–12 und 15–18 Uhr
Eintritt 20 FF

Château de Miromesnil ■ I 1

Im Turmzimmer des Schlosses von Miromesnil soll Guy de Maupassant am 5. Aug. 1850 das Licht der Welt erblickt haben. Böse Zungen behaupten hingegen, er sei im Haus seiner Großmutter in Fécamp zur Welt gekommen und sein Vater habe ihn aus Prestigegründen gleich darauf nach Miromesnil gebracht. Bei einer Führung durch das zweistöckige Ziegelstein-Schlößchen kommt das Andenken an den Dichter jedenfalls nicht zu kurz.
Mai–Mitte Okt. tgl. außer Di
14–18 Uhr
Eintritt 25 FF

Eu ■ I 1

Während das benachbarte Mers-les-Bains – es liegt schon in der Picardie – eine Sommerfrische jüngeren Datums ist, befindet man sich in Eu auf geschichtsträchtigem Boden: 932 starb Rollo, der erste Herzog der Normandie, in der von den Römern gegründeten Stadt. Im 19. Jh. diente das Château von Eu als Sommerresidenz des französischen Königs Louis-Philippe. Der Garten und das Schloß können besichtigt werden (Mitte März–Mitte Okt. tgl. außer Di 10–12 Uhr und 14–18 Uhr). Die benachbarte frühgotische Kirche **Notre-Dame-et-Saint-Laurent** besitzt einige interessante Grabmäler sowie die kunsthistorisch wichtige **Chapelle du Saint-Sépulcre** (15. Jh.) im nördlichen Chorumgang.

Saint-Valéry-en-Caux
■ H 1

Benediktiner aus der Abtei von Fécamp gründeten das heute 5000 Einwohner zählende Hafenstädtchen im Jahre 990. Auf dem von Häusern umschlossenen Hafenkanal drängen sich die Jachten. Das historische Zentrum liegt im Westen. Schön anzusehen sind der **Kreuzgang des Couvent des Pénitents** aus dem 17. Jh. sowie die sogenannte **Maison Henri IV**; der reich-

verzierte Fachwerkbau wurde 1540 errichtet und beherbergt das Office de Tourisme. Beliebt sind Spaziergänge zu den steil aufragenden Kreidefelsen: **Falaise d'Aval** im Westen des Hafens und **Falaise d'Amont** auf dessen Ostseite.

Hotels

Altea-Mercure
Komfortables Kettenhotel.
14, av. Clémenceau
Tel. 02 35 97 35 48, Fax 02 35 97 65 40
153 Zimmer
Mittlere/Obere Preisklasse (AE, DC, EC/MC, Visa)

Henry IV
Ziegelsteinhaus älteren Datums. Kleine, aber gepflegte Zimmer mit Pensionscharakter.
16, route du Havre
Tel. 02 35 97 19 62, Fax 02 35 57 10 01
20 Zimmer
Untere Preisklasse (AE, EC/MC, Visa)

DER BESONDERE TIP

Manoir d'Ango Der repräsentative Renaissancelandsitz im Süden von Varengeville besitzt das größte und wohl auch schönste Taubenhaus Frankreichs. Der Ziegelstein-Rundbau stammt aus einer Zeit, als die Haltung von Tauben noch als Statussymbol galt und winterliche Tafelfreuden versprach. Auftraggeber für den 1545 vollendeten Bau war der Reeder Jehan Ango, einer der reichsten Kaufleute seiner Zeit. Angos Schiffe entdeckten Long Island und fuhren bis nach Brasilien und Mexiko. Die begehbaren Räumlichkeiten sind leider in einem heruntergekommenen Zustand. Pittoresk ist die zum Innenhof hin offene Loggia. Tgl. 10–12.30 und 14.30–19 Uhr, Eintritt 25 FF, erm. 20 FF ■ H 1/I 1

Le Tréport ■ I 1

Das betriebsame Küstenstädtchen bildet den nordöstlichsten Zipfel der Normandie. Le Tréport ist schon seit längerem mit den benachbarten Orten Mers-les-Bains und Eu zusammengewachsen. Im 19. Jh. waren Le Tréport und Dieppe wegen der kurzen Anfahrt sehr beliebte Ausflugsziele der Pariser Bevölkerung. Auch heute noch geht es an schönen Sommerwochenden recht lebhaft zu. Als Fischerei- und Handelshafen erlebte Le Tréport im Mittelalter seine große Blüte historische Sehenswürdigkeiten fehlen allerdings weitgehend, sieht man einmal von der Kirche **Saint-Jacques** ab. Dafür besitzt Le Tréport landschaftliche Reize: Auf einem Treppenweg gelangt man zur 100 m hohen Aussichtsklippe **Calvaire des Terrasses**. Die kurze Anstrengung wird mit einer schönen Aussicht über den Hafen und die Stadt belohnt.

Varengeville-sur-Mer
■ I 1/H 1

Der kleine, auf einem Plateau über der Küste gelegene Weiler gilt als Künstlerdorf. Der kubistische Maler Georges Braque (1882–1963) hat hier seine letzten Jahre verbracht; auf dem wunderschön über dem Meer gelegenen **Friedhof der Kirche Saint-Valéry** – die Kirche verdankt ihm ein faszinierendes Glasfenster – liegt Braque begraben. Den Grabstein ziert eines seiner bekanntesten Motive. Gleich in der Nähe befindet sich der **Parc Floral Le Bois des Moutiers** in einem windgeschützten Tal. Der anspruchsvolle Englische Garten mit Magnolien und Rhododendren, aber auch exotischer Flora, steht hoch in der Gunst der Naturfreunde (Mitte März–Mitte Nov. jeweils 10–12 und 14–18 Uhr).
Eintritt 30 FF

Im Innenhof des Manoir d`Ango steht das größte Taubenhaus Frankreichs

Die Hauptstadt des Départements Eure kann auf eine mehr als 2000jährige Geschichte zurückblicken. Teile der römischen Stadtmauer sind noch erhalten.

Evreux
■ I 4

Krieg und Zerstörung waren die beherrschenden Faktoren der Stadtgeschichte. Ob Normannen, Engländer oder Franzosen, sie alle verwüsteten die Stadt oder brannten sie nieder. Die vernichtendsten Schäden brachte aber der Zweite Weltkrieg mit sich: Nach schweren Bombardements 1940 und 1944 glich Evreux einem Trümmerfeld. Für ein reizvolles Stadtbild sorgt das Flüßchen Iton, das sich mit mehreren Armen durch Evreux schlängelt. Ein Arm führt direkt an der Cathédrale Notre-Dame vorbei, einem imposanten Gotteshaus, auf das die Bürger von Evreux stolz sind. Eine andere bedeutende Kirche, Saint-Taurin, birgt den Reliquienschrein des heiligen Taurin, des ersten Bischofs von Evreux. Weitaus bekannter als Taurin wurde sein fortschrittlicher Nachfolger Jacques Gaillot, den der Papst 1995 wegen seines politischen und sozialen Engagements gegen den Widerstand der Bevölkerung absetzte.

Aufgrund seiner räumlichen Nähe zu Paris und der guten Verkehrsanbindungen zur Hauptstadt gewinnt Evreux als Wohnsitz für gestreßte Großstädter seit Jahren an Bedeutung.

Reliquienschrein in Saint-Taurin

Trotz sechs Jahrhunderten Bautätigkeit ein harmonischer Bau: Notre-Dame

SEHENSWERTE ORTE UND AUSFLUGSZIELE

Hotels und andere Unterkünfte

De la Biche
Das charmante Hotel mit leicht antiquiertem Touch ist um einen pittoresken Innenhof gruppiert.
9, rue Joséphine
Tel. 02 32 38 66 00, Fax 02 32 33 54 05
40 Zimmer
Untere Preisklasse (AE, DC, EC/MC, Visa)

De France
Zur Logis-de-France-Vereinigung gehörendes Hotel älteren Datums. Empfehlenswertes Restaurant (So abends und Mo geschl.).
29, rue Saint-Thomas
Tel. 02 32 39 09 25, Fax 02 32 38 38 56
16 Zimmer
Mittlere Preisklasse (AE, DC, EC/MC, Visa)

Evreux

Hospitel

Modernes Hotel am Rande der Altstadt. Die Zimmer sind geschmackvoll und schlicht eingerichtet, Park-
platz und Garage sind vorhanden.
Rue Buzot/Rue Bernard
Tel. 02 32 29 45 00, Fax 02 32 33 42 40
72 Zimmer
Mittlere Preisklasse (AE, EC/MC,
Visa)

Camping municipal

Rue Jean Bouin
Tel. 02 32 39 43 59

Spaziergang

Einen Rundgang durch Evreux beginnt man am besten auf dem weiten Platz vor dem Hôtel de Ville
(Rathaus). Am Théâtre Municipal –
einem für den Historismus typischen Bau, der einen spannungsrei-
chen Gegensatz zur benachbarten
postmodernen Bibliothèque bildet
– und der Maison des Arts vorbei
gelangt man über die Rue de l'Hor-
loge direkt zur Cathédrale und zum
angrenzenden alten Bischofspalast,
der das Musée d'Evreux beherbergt. Auf der gegenüberliegenden
Seite des Itonarms erstreckt sich
die wichtige Einkaufsstraße von
Evreux. An ihrem südlichen Ende
stößt man auf den Jardin Public;
der öffentliche Park wurde rund um
den Ancien Couvent des Capu-
cins, ein ehemaliges Kapuzinerklo-
ster, angelegt. Für den Weg zurück
zum Ausgangspunkt sollte man den
hübschen Promenadenweg wählen,
der im Halbkreis zum markanten
Beffroi führt. Dieser 44 m hohe Uhr-
turm, Zeichen städtischen Selbst-
bewußtseins, wurde zwischen 1490
und 1497 errichtet und hat sämtliche
Brandschatzungen und Bombardements unbeschadet überstanden.

Sehenswertes

Cathédrale Notre-Dame

Angesichts der zahlreichen Um- und
Anbauten und dem dadurch ent-
standenen Stilgemisch überrascht
die Ausgewogenheit der Proportionen der Cathédrale von Evreux. Der
architektonisch gelungenste Teil ist
die Fassade des nördlichen Quer-
hauses (Anfang 16. Jh.). Sehr schön
sind auch die vortrefflich gearbeiteten Glasfenster aus dem 14. und
15. Jh.
12–14 Uhr geschl.

Saint-Taurin

Die ein Stück außerhalb des Stadtzentrums seitlich der Rue Joséphine
gelegene ehemalige Abteikirche ist
nach dem ersten Bischof von Evreux
benannt, der in der Kirche auch seine letzte Ruhestätte gefunden hat.
Für seine Gebeine wurde im 13. Jh.
ein überaus kostbarer Reliquienschrein in Form einer Miniaturkapel-
le angefertigt.

Museum

Musée d'Evreux

Untergebracht im alten spätgotischen Bischofspalast, präsentiert
das Stadtmuseum von Evreux seine
reichhaltigen Sammlungen auf fünf
Ebenen. Der Bogen spannt sich dabei von der Antike bis zur abstrakten
Gegenwartskunst. Am interessante-
sten ist sicherlich die archäologische
Abteilung im Untergeschoß, in dem
ein Teilstück der römischen Stadtmauer freigelegt wurde. Wertvollstes Exponat ist eine fein gearbeitete römische Jupiterstatue aus
Bronze.
6, rue Charles Corbeau
Tgl. 10–12 und 14–18 Uhr, im Winter nur bis 17 Uhr
Eintritt frei!

Essen und Trinken

Le Bretagne
Gleich beim Rathaus, spezialisiert
auf Meeresfrüchte.
3, rue Saint-Louis
Tel. 02 32 39 27 38
Mo und Mi geschl.
Mittlere Preisklasse (AE, DC,
EC/MC, Visa)

Le Français
Bis in den späten Abend hinein werden noch warme Gerichte aufge-
tischt, so daß sich nach der Abend-
vorstellung des in der Nähe liegen-
den Kinos das Lokal oft noch mal
füllt.
Place Clémenceau
Tel. 02 32 33 53 60
Mittlere Preisklasse (AE, DC,
EC/MC, Visa)

Service

Auskunft

Office de Tourisme
1, place Charles de Gaulle
27000 Evreux
Tel. 02 32 24 04 43, Fax 02 32 31 28 45

Ausflugsziele
Les Andelys ■ K 3

Die am rechten Seineufer gelegene
Stadt besteht, wie der Plural im Namen schon verrät, aus zwei Stadt-
teilen: das pittoreske, direkt an der
Seine gelegene **Petit Andely** und
ein Stück weiter östlich **Grand Andely** mit der Eglise Notre-Dame.
Beherrscht werden beide Ortsteile
von den imposanten Ruinen des
Château Gaillard. In der extrem
kurzen Bauzeit von gut einem Jahr
ließ Richard Löwenherz 1196 auf
einem steilen Kalkfelsen eine mächtige Befestigungsanlage zur Sicherung seines normannischen Herzogtums hochziehen. Die Burg – schöner Rundblick! – galt als uneinnehm-
bar, dennoch gelang es den Truppen
des französischen Königs Philippe-
Auguste, sie nur acht Jahre später
durch eine List einzunehmen. Ein
Hinweis: Der eintrittspflichtige Teil
der Ruine ist wenig spektakulär, so
daß man getrost mit einer Außen-
besichtigung vorliebnehmen kann.
Mitte März–Mitte Nov. tgl. außer Di
und Mi 9–12 und 14–18 Uhr
Eintritt 18 FF

DER BESONDERE TIP

Château de Beaumesnil Das prachtvolle Barockschloß
zählt zu den eindrucksvollsten profanen Bauten der Normandie. Ein breiter Wassergraben zeugt noch von der
mittelalterlichen Burg, an deren Stelle von 1635–1640
der Barockbau errichtet wurde. Das vollständig möblierte Gebäude birgt eine bemerkenswerte Bibliothek sowie eine Dauerausstellung über die Buchbindekunst seit dem 16. Jh. Entspannung findet man in dem weitläufigen Schloßpark. Ostern–
Sept. Fr–Mo von 14–18 Uhr, Juli und Aug. tgl. außer Di 10–12
und 14–18 Uhr, Eintritt 30 FF ■ H 4

Bernay ■ H 4

Die Hauptattraktion des kleinen Städtchens ist zwar ohne Frage die Abtei, doch sollte man auch der spätgotischen Kirche Sainte-Croix mit ihrem Flamboyantturm und den gegenüberliegenden Markthallen einen Besuch abstatten.

Sehenswertes

Abbaye Notre-Dame-de-Bernay
Die von hohen, gutproportionierten Arkaden geprägte romanische Klosterkirche – sie war jahrzehntelang als Depot zweckentfremdet – besitzt zahlreiche schön gearbeitete Kapitelle. Die Abteigebäude werden seit langem von der Stadtverwaltung genutzt, in einem ist das **Musée municipal** untergebracht. Das Stadtmuseum zeigt Keramiken sowie Gemälde und Mobiliar.
Ende Juni–Anfang Sept. tgl. 10–12 und 14–19 Uhr, in der übrigen Jahreszeit tgl. außer Di nur bis 17.30 Uhr, am So erst ab 15 Uhr
Eintritt 10 FF

Château du Champ-de-Bataille ■ H 3

Das Ende des 17. Jh. erbaute Château du Champ-de-Bataille ist von einer großen Parkanlage umgeben. Die langgestreckten, sich direkt gegenüberliegenden Gebäudetrakte öffnen sich zu einem weiten Innenhof. Die klassische Symmetrie des Schlosses wird durch die von Eckpavillons flankierten Flügel besonders betont. Die prachtvoll möblierten Salons können besichtigt werden – im Juli und August Samstag abends sogar bei Kerzenschein.
Ostern–Okt. tgl. außer Mo 10–12 und 14–19 Uhr
Eintritt 30 FF, erm. 20 FF

Château d'Harcourt ■ H 3

Der Stammsitz der Harcourt, einer alten normannischen Adelsfamilie, strahlt mit seinen mächtigen Festungsmauern und den Wehrtürmen mittelalterliches Flair aus; entsprechend kärglich ist daher auch die vorhandene Einrichtung. Das Schloß ist von einem sogenannten **Arboretum** mit rund 400 verschiedenen Baumarten umgeben, darunter riesige kalifornische Sequoiabäume.
März–Mitte Nov. tgl. außer Di 14–19 Uhr, Mitte Juni–Mitte Sept. tgl. 10–19 Uhr
Eintritt 25 FF, erm. 10 FF

Gaillon ■ I 3

Auch ohne das Château würde Gaillon mit seinem Fachwerkkern zu den malerischen Plätzen der Normandie gehören. Die Erzbischöfe von Rouen, die das Schloß ab 1262 als Sommersitz nutzten, betrieben zu Beginn des 16. Jh. auch den Umbau im Stil der Renaissance; **Château Gaillon** war das erste Schloß, das in der Normandie in diesem aus Italien importierten Stil errichtet wurde. Während der Französischen Revolution wurde das Schloß verwüstet, die vorhandene Bausubstanz macht dennoch einen würdigen Eindruck.
Juli und Aug. tgl. außer Di 9–12 und 14–18 Uhr

Gisors ■ K 3

Das im südöstlichsten Zipfel der Normandie gelegene Gisors war seit jeher eine bedeutende Grenzstadt, denn das kleine Flüßchen Epte bildete die Grenze zum französischen Territorium. Es nimmt nicht wunder, daß die normannischen Herzöge hier den Ausbau der Befestigungsanlagen mit besonderem Eifer betrieben; dennoch fiel das **Château de Gisors** (April–Sept. tgl. außer Di 10–12 und 14–18 Uhr, Eintritt frei!) 1193 dem auf Expansion bedachten französischen König Philippe-Auguste als erste normannische Festung in die Hände. Eindrucksvoll ist der 29 m hohe Donjon; der gewaltige äußere Burghof dient heute als Parkanlage mit Kinderspielplatz.

Giverny
■ K 4

Giverny ist Monet. Diese einfache Gleichung spiegelt die Geschichte des kleinen Dorfes an dem Flüßchen Epte vortrefflich wider. Hätte Claude Monet 1883 nicht den Entschluß gefaßt, sich hier niederzulassen, würde sicher kaum jemand hier Station machen. Dank Monet entwickelte sich Giverny zu einem Mekka des Impressionismus. Doch es gibt auch eine Kehrseite der Medaille: Im Sommer ertrinkt das Dorf regelrecht im Ansturm der Kunstfreunde.

TOPTEN
4

Museen

Fondation Claude Monet
Das farbenfrohe Haus, in dem Claude Monet von 1883 bis zu seinem Tod im Jahre 1926 gelebt hat, der berühmte Garten und das Atelier können besichtigt werden. Das Kultobjekt schlechthin ist der von Monet künstlich angelegte Seerosenteich mit der japanischen Holzbrücke – das Motiv zahlreicher Gemälde; er ist dank einer Unterführung problemlos vom Garten aus zu erreichen.
April–Okt. tgl außer Mo 10–18 Uhr
Eintritt 35 FF, erm. 25 FF

Musée d'Art Américain
Claude Monet und der Impressionismus übten auf zahlreiche amerikanische Künstler einen erheblichen Einfluß aus. Vor dem Ersten Weltkrieg entstand eine regelrechte amerikanische Künstlerkolonie in Giverny. Um diese Epoche amerikanischer Kunst an ihrer Ursprungsstätte zu dokumentieren, entschloß sich der ame-

Der berühmte Seerosenteich im Garten der Fondation Claude Monet

rikanische Mäzen Daniel J. Terra, ein Museum zu finanzieren, in dessen gelungenen Räumlichkeiten seit 1992 eine Dauerausstellung gezeigt wird. Im Untergeschoß ist als Ergänzung mehrmals am Tag der Film »En plein air« zu sehen.
April–Okt. tgl. außer Mo 10–18 Uhr
Eintritt 35 FF, erm. 20 FF

Musée Hôtel Baudy

Im Hôtel Baudy logierten einst Monets Künstlerfreunde. Zu besichtigen sind der Landschaftsgarten, ein verträumtes Atelier sowie der Speisesaal.
April–Okt. tgl. außer Mo 10–18 Uhr
Eintritt 25 FF

Verneuil-sur-Avre ■ H 5

Das aus einer Festungsanlage hervorgegangene Städtchen an der Avre – es sicherte einst die normannische Grenze gegen Frankreich ab – liegt wie das benachbarte Städtchen Conches-en-Ouche am Ostrand des Pays d'Ouche, einer reichbewaldeten Hochebene, in der lange Zeit metallverarbeitende Gewerbe (Kunstschmiedemuseum in Francheville) ansässig waren. Dominiert wird Verneuil-sur-Avre von der Kirche Sainte-Madeleine, deren 56 m hoher Turm in Flamboyant-Gotik sich nicht so recht zur älteren Bausubstanz fügen will. Neben stattlichen Fachwerk- und Bürgerhäusern birgt Verneuil mit der Benediktinerabtei Saint-Nicolas und der romanischen Kirche Notre-Dame zwei beachtliche Sakralbauten. Die Reste der alten Befestigungsanlage lassen sich bei einem Spaziergang durch den Parc André Faugère in Augenschein nehmen. Wer es einrichten kann, sollte Verneuil am Samstagvormittag besuchen, denn dann wird der Platz im Zentrum von bunten Marktständen bevölkert.

Vernon ■ K 4

Die Provinzstadt Vernon ist das Pariser Einfallstor zur Normandie. Hier am linken Seineufer gründete Rollo, der erste Herzog der Normandie, einen Stützpunkt zur Sicherung seines neugewonnenen Territoriums. Trotz Kriegszerstörungen hat sich Vernon seinen Fachwerkcharme bewahren können. Im Zentrum steht die ehemalige Stiftskirche Notre-Dame, ein eleganter Bau, dessen Westfassade von einer schönen Fensterrose geziert wird. Ein pittoreskes Bild bieten die überbauten Reste einer mittelalterlichen Brücke auf der gegenüberliegenden Flußseite.

Sehenswertes

Château de Bizy

Der Marschall von Belle-Isle, ein Enkel des königlichen Finanzministers Fouquet, ließ sich in der Mitte des 18. Jh. im Westen von Vernon dieses ansehnliche Schloß im klassistischen Stil errichten. Doch die Wirren der Revolution gingen nicht folgenlos an Bizy vorüber: Das Hauptgebäude wurde zerstört und mußte wiederaufgebaut werden. Sehenswert sind die Versailles nachempfundenen, original erhaltenen Marställe. Die Innenräume sind nur im Rahmen einer Führung zu besichtigen.
April–Okt. tgl. außer Mo 10–12 und 14–18 Uhr, Nov.–März nur am Wochenende 14–17 Uhr
Eintritt 32 FF

Service

Auskunft

Office de Tourisme
36, rue Carnot
27200 Vernon
Tel. 02 32 51 39 60

Die attraktive Hafenstadt gliedert sich in die auf einem Felssporn thronende Altstadt und in einen modernen, dem Meer abgewandten Stadtteil.

Die imposante, weit ins Meer ragende Felsnase von Granville bietet sich wegen ihrer strategischen Vorteile geradezu für eine Stadtgründung an. Noch heute liegt die von mächtigen Wällen umschlossene **Pointe du Roc** wie ein unerschütterlicher Klotz im Wasser.

Die Engländer begannen im Hundertjährigen Krieg mit der Befestigung von Granville, um über einen weiteren Brückenkopf zur Normandie verfügen zu können. Doch dem englischen Projekt

Granville
■ B 4/C 4

war kein Glück beschieden: Bereits wenige Jahre später befand sich die Festung in französischer Hand. Größere Bedeutung und Reichtum erwarb sich Granville durch den Kabeljaufang in den reichen Fanggründen Neufundlands. Während eines Spaziergangs rund um die **Haute-Ville**, die Altstadt mit ihren schmalen Gassen und einfachen Granithäusern rund um die Kirche Notre-Dame, eröffnen sich zahlreiche schöne Ausblicke auf Hafen und Strand.

Granville ist die einzige von Engländern gegründete Stadt in der Normandie

Hotels

Des Bains

Die Zimmer sind komfortabel und freundlich; fast alle bieten einen schönen Blick auf das Meer.
19, rue Georges Clémenceau
Tel. 02 33 50 17 31, Fax 02 33 50 89 22
47 Zimmer
Dez.–Feb. geschl.
Mittlere Preisklasse (AE, EC/MC, Visa)

De la Mer

Wer gerne mit Blick auf den Hafen aufwacht, ist hier an der richtigen Adresse.
74, rue de Port
Tel. 02 33 50 01 86, Fax 02 33 50 67 56
10 Zimmer
Mittlere Preisklasse (AE, DC, EC/MC, Visa)

Normandie Chaumière

Zentral gelegenes Hotel unweit des Hafens. Das Restaurant versteht sich auf die Zubereitung von frischem Fisch.
20, rue Paul Poirier
Tel. 02 33 50 01 71, Fax 02 33 50 15 34
8 Zimmer
Untere Preisklasse (AE)

Sehenswertes

L'Aquarium du Roc/Palais des Coquillages

Kunstvoll zusammengefügte Muscheln sowie mehrere Aquarien mit Piranhas, Muränen, kleinen Nordseehaien und einem viel zu kleinen Seerobbenbassin.
Promenade de Roc
Feb.–Nov. tgl. 9.30–12.30 und 13.30–18.30 Uhr
Eintritt 35 FF (Kombiticket mit Palais Minéral 50 FF)

Notre-Dame

Bereits unter den Engländern begonnen, dauerte es rund 300 Jahre, bis die kunsthistorisch wenig bedeutsame Kirche in der Mitte des 18. Jh. vollendet werden konnte. Schön ist ihre Lage hoch über dem Meer.

Palais Minéral et Jardin des Papillons et Insectes

Bunte Sammlung von Mineralien, Insekten, Schmetterlingen und ausgestopften Papageien.
Promenade de Roc
Feb.–Nov. tgl. 9.30–12.30 und 13.30–18.30 Uhr
Eintritt 20 FF (Kombiticket mit L'Aquarium 50 FF)

Museen

Musée Richard-Anacréon

Richard Anacréon, ein aus Granville stammender Pariser Bibliothekar, hat seiner Geburtsstadt eine wertvolle Sammlung moderner Kunst (Maurice Utrillo, Raoul Dufy, Pablo Picasso etc.) und literarischer Dokumente vermacht. Außerdem Wechselausstellungen.
Place de l'Isthme
Nur während aktueller Ausstellungen tgl. außer Di 10–12 und 14–18 Uhr
Eintritt 15 FF

Musée du Vieux Granville

Im stadtgeschichtlichen Museum nimmt vor allem die Seefahrertradition Granvilles breiten Raum ein. Trachten, Spitzen sowie Aquarelle und Gemälde vervollständigen die Sammlung.
2, rue Lecarpentier
April–Juni Mi–So 10–12 und 14–18 Uhr, Juli–Okt. auch Mo, Nov.–März Mi, Sa, So von 14–18 Uhr
Eintritt 10 FF, erm. 6 FF

SEHENSWERTE ORTE UND AUSFLUGSZIELE

Essen und Trinken

La Citadelle
Mitten im historischen Zentrum von
Granville gelegenes, helles und
freundliches Restaurant. Der junge
Küchenchef Patrick Duret hat sein
Handwerk bei verschiedenen re-
nommierten europäischen Restau-
rants erlernt.
10, rue Cambernon
Tel. 02 33 50 34 10
Mittlere Preisklasse (EC/MC, Visa)

La Phare
Einfache, aber gute Küche mit
Schwerpunkt Fisch. Man speist mit
Panoramablick auf den Hafen.
11, rue de Port
Tel. 02 33 50 12 94
Di abends und Mi geschl.
Mittlere Preisklasse

Am Abend

Casino
Wegen seines Casinos bezeichnet
sich Granville gerne als »Monaco
des Nordens«.
Place Maréchal Foch
Tel. 02 33 50 00 79

Service

Auskunft

Maison de Tourisme
4, cours Jonville
50400 Granville
Tel. 02 33 91 30 03, Fax 02 33 91 30 19

Fährverbindungen

Zu den Iles Chausey (50 Min.) sowie
nach Jersey (70 Min.). Die Abfahrtszeiten sind vom jeweiligen Tidenstand abhängig, häufig 9 Uhr.
Emeraude Lines
1, rue Lecampion, gare Maritime
Tel. 02 33 50 16 36, Fax 02 33 50 87 80

Ausflugsziele
Abbaye de Hambye
■ C 4

Das im beschaulichen Sienne-Tal
gelegene Benediktinerkloster war
eines der angesehensten der Normandie. Einflußreiche Persönlich-
keiten wie der Bruder des Kardinals
Richelieu standen einst dem Kloster
vor. Während der Französischen
Revolution wurde das Kloster aufge-
löst, die Gebäude teilweise abgerissen und als Baumaterial verkauft.
Am besten erhalten ist der Kapitelsaal aus dem 13. Jh. Die Ruinen der
Abteikirche können auf eigene Faust
besichtigt werden, die Klostergebäude nur im Rahmen einer Führung.
Tgl. außer Di 10–12 und 14–18 Uhr,
von Weihnachten bis Ende Jan.
geschl.
Eintritt 20 FF

Avranches
■ C 5

Avranches ist ein »Opfer« seiner
räumlichen Nähe zum Mont-Saint-
Michel: Viele Touristen haben nur
den Klosterberg im Visier; den Ort,
der zu den frühesten Ansiedlungen
der Normandie gehört, umfahren
sie meist auf der Nationalstraße. Ein
Fehler, denn Avranches ist eine attraktive Kleinstadt mit den Resten
einer mittelalterlichen Burg, einem
Botanischen Garten und einem ansprechenden Museum. Zudem ist
die Nähe zum Mont-Saint-Michel
nicht nur räumlich: Der Gründer des
Inselklosters, der **Hl. Aubert**, wirkte
zu Beginn des 8. Jh. als Bischof in
Avranches. Hier erschien ihm der
Erzengel Michael, der ihn zum Bau
des Klosters aufforderte. Die einstige Bischofskirche wurde ein Opfer
der Französischen Revolution. Nur
eine Steinplatte erinnert noch an
das Bauwerk.

Museum

Musée Municipal

Das städtische Museum nutzt die Räumlichkeiten des einstigen Bischofspalastes. Es zeigt kostbare Handschriften vom Mont-Saint-Michel, sakrale Kunst sowie Trachten und Exponate zur städtischen Wohnkultur.
Place Jean de Saint-Avit
Ostern–Okt. tgl. außer Di 9.30–12 und 14–18 Uhr
Eintritt 13 FF, erm. 6 FF

Service

Auskunft

Office de Tourisme
Hier ist kostenlos ein informativer Stadtplan erhältlich.
2, rue Général de Gaulle
50300 Avranches
Tel. 02 33 58 00 22, Fax 02 33 68 13 29

Coutances ■ C 4

Schon von weitem sichtbar erhebt sich die Cathédrale Notre-Dame über Coutances und seine Umgebung empor; geschickt wählte man den höchsten Punkt einer kleinen Anhöhe als Standort. Coutances war bereits in der römischen Epoche besiedelt, der Name der Stadt wie auch der Halbinsel Cotentin gehen auf die römische Gründung Constantina zurück. Von den Wikingern fast vollkommen zerstört, spielte die Stadt unter ihren normannischen Nachfahren alsbald wieder eine wichtige Rolle. Nach einem kurzen Zwischenspiel als Sitz des Départements Manche ist Coutances heute ein ländliches Zentrum von geringer Bedeutung mit weitgehend modernem Gepräge.

Sehenswertes

Cathédrale Notre-Dame

Die auf romanischen Grundmauern aus dem 11. Jh. errichtete Cathédrale von Coutances gilt mit Recht als eine der schönsten gotischen Kirchen Frankreichs. Mit sichtbarer Anmut streben die Säulen dem Himmel entgegen; sie verleihen der Kirche ihre einzigartige Leichtigkeit. Gekrönt wird die Cathédrale von einem grazilen achteckigen Vierungsturm mit Helm.

Museum

Musée Quesnel-Morinière

Unweit der Cathédrale stößt man auf ein Herrenhaus samt Gemäldegalerie mit Werken von Eustache Lesueur und Rubens sowie einer Sammlung normannischer Keramik. An das Museum schließt sich der Jardin des Plantes an. In der tagsüber frei zugänglichen Gartenanlage, die bereits Mitte des 19. Jh. angelegt wurde, wachsen zahlreiche subtropische Pflanzen.
2, rue Quesnel Morinière
Tgl. außer feiertags und So 10–12 und 14–17 Uhr
Eintritt 10 FF

Service

Auskunft

Office de Tourisme
Place Georges Leclerc
50200 Coutances
Tel. 02 33 45 17 79, Fax 02 33 47 12 45

Markt

Jeden Donnerstagvormittag findet in der Markthalle ein bunter Markt statt, der wegen seines guten Angebots in der gesamten Region bekannt ist.

Schon von weitem überragt seine
Silhouette das flache Küstenland, wo
Schafe auf den Salzwiesen weiden:
der Mont-Saint-Michel

SEHENSWERTE ORTE UND AUSFLUGSZIELE

Mont-Saint-Michel ∎ C 5

Der Mont-Saint-Michel, dieser scheinbar nicht von dieser Welt stammende Klosterberg, ist das wohl beeindruckendste Kloster des Abendlandes. Glaubt man der christlichen Überlieferung, so hat der Erzengel Michael im Jahre 708 dem hl. Aubert, dem Bischof von Avranches, den Auftrag erteilt, auf dem aus dem Meer ragenden Granitkegel eine Kapelle zu errichten. Zwei Jahrhunderte später wurde anstelle der Kapelle ein Kloster gegründet, dessen Entwicklung die normannischen Herzöge gezielt förderten. Jahrzehnt um Jahrzehnt wuchs der Mont-Saint-Michel, es wurde angebaut und umgebaut, bis schließlich der gesamte Berg als erhabenes Heiligtum aus dem morgendlichen Dunst des Wattes emporragte.

TOP TEN 1

Aus militärischen Erwägungen verstärkte man das Kloster während des Hundertjährigen Krieges zwar festungsartig, doch tat dies dem sakralen Charakter des Bauwerks keinen Abbruch. Erst seit 1879 ist der Mont-Saint-Michel durch einen Deich mit dem Festland verbunden; bis dato mußten die Besucher die nicht ungefährliche Durchquerung des Watts auf sich nehmen, um den Klosterberg zu erreichen. Heute kämpfen Natur- und Denkmalschützer gegen die fortschreitende Versandung der Bucht, doch nur noch zweimal im Monat ist der Mont-Saint-Michel vom Meer umspült.

Um das eigentliche Kloster zu erreichen, muß man zuerst das Dorf an der steil ansteigenden **Grande Rue** durchqueren. Man kann die Grande Rue aber auch umgehen und entlang der Wehrmauer hinauf zur Klosterpforte gelangen. Auf dem höchsten Punkt des Granithügels befindet sich die **Abteikirche**, deren Hauptportal an die aussichtsreiche **Westterrasse** grenzt. Höhepunkt eines Besuchs ist der Kreuzgang mit seinen zierlichen Spitzbogenarkaden – ein Ort, der zwischen Himmel und Meer zu schweben scheint. An den

DER BESONDERE TIP

les Chausey Der Gezeitenunterschied von rund 14 m macht einen Ausflug zu den Iles Chausey zu einem spektakulären Naturerlebnis. Während bei Flut gerade einmal 52 Inselchen aus dem Meer ragen, tauchen bei Ebbe rund 300 weitere aus den Fluten auf. Die einzig bewohnte Insel des Archipels ist die **Grande Ile**; ein paar Fischer und ihre Familien leben hier das ganze Jahr über. Von Granville aus beträgt die Überfahrt zu den Iles Chausey eine knappe Stunde; die Abfahrtszeiten sind vom Gezeitenstand abhängig. Hinfahrt zumeist vormittags zwischen 8 und 12 Uhr, Rückfahrt frühestens am Nachmittag. Die größte Fährdienstlinie ist Emeraude Lines, 1, rue Lecampion, gare Maritime, Tel. 02 33 50 16 36, Fax 02 33 50 87 80 ∎ B 4

Kreuzgang schließen sich die dreigeschossigen gotischen Abteigebäude mit dem Refektorium (Speisesaal) an; dieses Ensemble wird als **La Merveille** (»Wunder«) bezeichnet, um der meisterlichen Architektur dieses Baus Beifall zu zollen. Die meisten Räumlichkeiten des Klosters sind frei zugänglich, den ganzen Tag über finden Führungen – auch in deutscher Sprache – statt. Ein Hinweis ist nötig, um eventuellen Enttäuschungen vorzubeugen: Der im Durchmesser gerade mal 300 m messende Mont-Saint-Michel wird alljährlich von weit mehr als zwei Millionen Touristen und Pilgern besucht – dies bedeutet, daß sich in der engen Grande Rue die Besucher dicht an dicht gedrängt zum Klostereingang hinaufschieben.

Tgl. außer am 1. Jan., 1. Mai, 1. und 11. Nov. geöffn.; während der Hauptsaison 9–17.30, in der Nebensaison 9.30–17, im Winter nur bis 16 Uhr

Eintritt 36 FF, erm. 23 FF oder 10 FF

Museen

Auf dem Mont-Saint-Michel locken insgesamt vier Museen (**L'Archéoscope**, **Logis Triphaine**, **Musée Grévin**, **Musée Maritime**) die Touristen. »Locken« ist der richtige Begriff, denn – auch angesichts der hohen Eintrittsgebühren – man muß keine der vier Ausstellungen unbedingt gesehen haben. Die Öffnungszeiten der Museen decken sich weitestgehend mit denen des Klosters.

Mortain ■ D 5

Das auf einer langgestreckten Anhöhe liegende 3000-Einwohner-Städtchen geht auf eine römische Gründung (Mauritonium) zurück. Ein romanisches Kleinod ist die **Abbaye Blanche**, die am westlichen Ortsrand errichtet wurde und heute wieder von einer christlichen Gemeinschaft (Communauté du Lion de Juda et de l'Agneau Immolé) bewohnt wird. Sehenswert sind die frei zugänglichen Reste eines roma-

Ein Ausflug zu den Iles Chausey zeigt die Normandie von ihrer rauhen Seite

SEHENSWERTE ORTE UND AUSFLUGSZIELE

nischen Kreuzgangs, der Kapitelsaal sowie die Abteikirche, ein für frühe Zisterzienserkirchen typischer, einschiffiger Bau.

Nur einen Steinwurf weit von der Abtei entfernt stürzt die Cance als **Grande Cascade** einen Abhang hinunter, wenig später wiederholt sich bei der **Petite Cascade** das Schauspiel.

Villedieu-les-Poêles
■ C 4

Wie der Name Villedieu-les-Poêles (poêle = Pfanne) andeutet, ist die Kleinstadt weit über die Grenzen der Normandie hinaus für ihre Kupfer- und Messingschmieden sowie ihre Glockengießerei bekannt. Die hier hergestellten Glocken schlagen in vielen Orten Nordwestfrankreichs die Stunde. Wer will, kann in der **Fonderie de Cloches** (Rue du Pont-Chinon) den Glockengießern bei der Arbeit zusehen.

Museen

Musée du Meuble Normand
Vielseitige Sammlung mit rund 150 normannischen Möbelstücken aus verschiedenen Epochen.
Ostern–Okt. tgl. außer Di 10–12 und 14–18.30 Uhr
Eintritt 20 FF (Kombiticket 25 FF)

Musée de la Poeslerie et Maison de la Dentellière
Hinter dem langen Namen verbergen sich ein Kupfermuseum sowie ein angegliedertes Gebäude, in welchem an die regionale Tradition der Spitzenklöppelei erinnert wird. Den kurzen einführenden Film sollte man sich unbedingt ansehen, da er sehr anschaulich die Herstellung von Kupferkesseln zeigt.
Ostern–Okt. tgl. außer Di 10–12 und 14–18.30 Uhr
Eintritt 15 FF (Kombiticket 25 FF)

DER BESONDERE TIP

Manoir de l'Acherie Das zur Logis-de-France-Vereinigung gehörende Landhaus liegt inmitten einer Wiesenlandschaft, 2 km östlich von Villedieu-les-Poêles in der Nähe des Weilers Sainte-Cécile. Ein schöner Garten mit kleinem Kinderspielplatz gehört ebenfalls zum Anwesen. Die komfortablen Zimmer sind im rustikalen Stil gehalten. Im auch mittags gutbesuchten Restaurant (Mo geschl.) serviert man regionale Spezialitäten. Das offene Kaminfeuer sorgt für eine behagliche Atmosphäre und dient dem Küchenchef als Grillfeuer. Hunde sind nicht erlaubt. Tel. 02 33 51 13 87, Fax 02 33 61 89 07, 14 Zimmer, Mittlere Preisklasse (AE, EC/MC, Visa) ■ C 4/D 4

**N**omen est omen: Das rund 220 000 Einwohner zählende Le Havre lebt in erster Linie von seinem Hafen. Er ist nach Marseille der zweitgrößte Frankreichs.

Le Havre ist eine Planstadt: Im Jahre 1517 von dem französischen König François I. angelegt – der Hafen von Honfleur drohte immer mehr zu versanden –, entwickelte sich die Neugründung nach verhaltenen Anfängen zu einer für den französischen Überseehandel sehr wichtigen Hafenstadt. Später legten die von New York kommenden großen Transatlantikdampfer an den Hafenkais an, die Stadt war die Eingangspforte zum europäischen Kontinent.

Schwere Kriegsschäden

Fatalerweise war Le Havre im Zweiten Weltkrieg aufgrund seiner strategischen Bedeutung eine besonders heftig umkämpfte Stadt. Der dem Hafen zugewandte historische Teil von Le Havre wurde so schwer zerstört, daß man sich das frühere Stadtbild nicht mehr vorstellen kann. Es ist kaum möglich, mehr als zehn Häuser zu entdecken, die älter als 50 Jahre sind. Die Bombardements der Alliierten haben Le Havre innerhalb kürzester Zeit in Schutt und Asche gelegt; einzig die schwerbeschädigte **Cathédrale Notre-Dame** wurde

Le Havre
■ F 2/G 2

wieder instand gesetzt. Wer durch das einstige **Hafenviertel** von Le Havre streift, braucht viel Phantasie, um sich vorzustellen, daß Jean-Paul Sartre während seiner Zeit als Lehrer in Le Havre seine Liebe zu den Cafés entdeckt haben soll.

Neubeginn mit Stahlbeton

Planstadt zweiter Teil: Für den Pariser Architekten Auguste Perret war die Trümmerwüste, die der Zweite Weltkrieg hinterlassen hatte, die große Herausforderung seines Lebens: Basierend auf den Grundprinzipien Übersichtlichkeit, Einfachheit und Helligkeit schuf er innerhalb weniger Jahre aus Stahlbeton ein neues Stadtzentrum, das trotz einer nicht zu leugnenden Monotonie als gelungen bezeichnet werden kann. Die breiten Straßenfluchten von Le Havre sind zwar nicht gerade der Ort, wo man einen Jahresurlaub verbringen möchte, doch wenn man sich auf das anfänglich befremdende Stadtbild einläßt, stellt sich eine gewisse Faszination ein. Eine ganz andere Atmosphäre vermitteln hingegen die historischen Vororte Graville, Harfleur und Sainte-Adresse.

Der markante Kirchturm von St-Joseph erinnert an das Empire State Building

Hotels und andere Unterkünfte

Le Marly
Passable Unterkunft, mitten im Zentrum von Le Havre.
121, rue de Paris
Tel. 02 35 41 72 48, Fax 02 35 21 50 45
37 Zimmer
Mittlere Preisklasse (EC/MC, Visa)

Mercure
Das Ketten-Hotel bietet bewährten Standard.
Chaussée d'Angoulème
Tel. 02 35 19 50 50, Fax 02 35 19 50 99
96 Zimmer
Obere Preisklasse (AE, DC, EC/MC, Visa)

Monaco
Gutgeführtes kleines Hotel mit einladendem Restaurant, zwischen Fährhafen und Bassin du Commerce gelegen.
16, rue de Paris
Tel. 02 35 42 21 01, Fax 02 35 42 01 01
11 Zimmer
Untere Preisklasse (AE, EC/MC, Visa)

Camping Fôret de Montgeon
Der 4-Sterne-Platz ist vom Stadtzentrum über den Cours de la République zu erreichen.
Tel. 02 35 46 52 39

Spaziergang

Durch ihren weiträumigen geometrischen Grundriß ist Le Havre eine Stadt der weiten Wege. Das mitten im Zentrum an einer wichtigen Straßenachse gelegene **Bassin du Commerce** – es wird zeitweise von einer Segelschule als Übungsgewässer genutzt – ist ein geeigneter Ausgangspunkt für eine Erkundung Le Havres. Die kühn geschwungene Fußgängerhängebrücke bietet einen guten Überblick über die Stadt. Im Westen ragt der markante Kirchturm der **Eglise Saint-Joseph** über die Häuserfront, neben dem Bassin du Commerce fasziniert oder irritiert – je nach Geschmack – das kühn geschwungene Kulturzentrum **Espace Oscar Niemeyer**. Die als Nord-Süd-Achse fungierende Rue de Paris führt in südlicher Richtung zum Fährhafen, in dessen unmittelbarer Nähe das **Musée des Beaux-Arts André-Malraux** und der **Séma-phore**, ein 52 m hoher, für den reibungslosen Schiffsverkehr zuständiger Logistikturm, liegen. Nach einem viertelstündigen Spaziergang auf dem Boulevard Clémenceau, der am Jachthafen **Port de Plaisance** vorbeiführt, stößt man auf den Strand, dessen Attraktivität die Stadtverwaltung in den letzten Jahren erheblich aufgewertet hat. Die breite Avenue Foch läuft direkt auf den futuristisch anmutenden Platz vor dem Rathaus (**Hôtel de Ville**) zu; dieser Platz wurde großzügig geplant und durch Wasserspiele belebt. Bevor man zum Bassin du Commerce zurückkehrt, bietet sich noch ein Einkaufsbummel in den umliegenden Geschäften an.

Sehenswertes

Espace Oscar Niemeyer
Le Havre ist die einzige europäische Stadt, in der Oscar Niemeyer, der Schöpfer der brasilianischen Retortenhauptstadt Brasilia, seine Handschrift hinterlassen hat: 1982 wurde das Kulturzentrum mit Theater, Kinos und Ausstellungsräumen nach seinen Plänen fertiggestellt. Niemeyer griff dabei auf runde, asymmetrische Formen zurück, die in einem krassen Gegensatz zu der ansonsten geometrisch konzipierten Stadt stehen. Im Volksmund wird das Kulturzentrum »Großer Vulkan« oder »Elefantenfuß« genannt.

SEHENSWERTE ORTE UND AUSFLUGSZIELE

Saint-Joseph

Der 106 m hohe Kirchturm dient schon von weitem als Orientierungshilfe. Je näher man kommt, desto banaler wirkt allerdings die Architektur der fünfziger Jahre.

Museen

Musée de l'Ancien Havre

Wer mehr über die einstige Bedeutung Le Havres erfahren will, kann sich in einem der wenigen alten Häuser über die See- und Stadtgeschichte des 1517 gegründeten Hafens kundig machen.
1, rue Jérôme Bellarmato
Mi–So 10–12 und 14–18 Uhr
Eintritt 10 FF, erm. 5 FF

Musée des Beaux-Arts André-Malraux

Wertvolle Gemäldesammlung der Stadt Le Havre. Während im Souterrain zeitgenössische Kunst ausgestellt ist, gehört das Erdgeschoß so bekannten modernen Malern wie Jacques Villon, Fernand Léger und Raoul Dufy. Die Impressionisten (Claude Monet und Eugène Boudin) teilen sich das Obergeschoß mit Gemälden aus dem 16. und 17. Jh. (z.B. van Dyck).
Chaussée John F. Kennedy/Boulevard Clémenceau
Tgl. außer Di 10–12 und 14–18 Uhr
Eintritt 10 FF, erm. 5 FF

Le Havre

Musée d'Histoire Naturelle

Das Naturkundemuseum im ehemaligen Justizpalast besitzt eine mineralogische sowie eine ornithologische Abteilung.
Place du Vieux Marché
Mo, Do und Fr 14–17.30 Uhr, Mi, Sa und So 10–12 Uhr
Eintritt frei

Musée du Prieuré de Graville

Die auf einer kleinen Anhöhe im Osten von Le Havre gelegene Abtei von Graville beherbergt sakrale Kunst und zahlreiche Modelle alter normannischer Häuser und Schlösser. Die neben dem Museum gelegene ehemalige Klosterkirche kann wegen Restaurierungsarbeiten derzeit nicht besichtigt werden.
Rue Elysée Reclus
Tgl. 10–12 und 14–18 Uhr
Eintritt 10 FF, erm. 5 FF

Am Abend

Nachtschwärmer finden in Le Havre mehrere Diskotheken. Etwas ausgefallen ist Le Cap, ein Schiff im Bassin du Commerce. Weitere Diskotheken: La Bohéme (365, rue Félix Faure); Le Grillon (15, rue E. Herriot); Lalexia (26, rue Georges Heuillard).

Service

Auskunft

Office de Tourisme
Forum de l'Hôtel de Ville
76059 Le Havre Cedex
Tel. 02 35 21 22 88, Fax 02 35 42 38 39

Hafenbesichtigung

Mit dem Schiff »La Salamandre«.
Ankerplatz: Quai de la Marine
Ostern–Mitte Sept.
Tel. 02 35 42 01 31

Ausflugsziele

Etretat ■ G 2

Dank seiner bizarr geformten Kreideklippen (falaises) hat sich Etretat als beliebtestes Seebad an der Côte d'Albâtre etabliert. Unzählige Male photographiert und gemalt, dienten die markanten Felsen in jüngster Zeit häufig als stimmungsvolle Kulisse für Modeaufnahmen. Ein Spaziergang entlang der Falaises gehört zum Pflichtprogramm (→ Routen und Touren). Etretat ist kein aufdringlicher moderner Ferienort, mehrere ältere Fachwerkhäuser sorgen für bodenständigen Charme. Wenig bekannt ist, daß der Schriftsteller Guy de Maupassant (1850–1893) den Großteil seiner Jugend in Etretat verbrachte.

Hotel

Le Donjon

Hoch über Etretat steht dieses große, mit wildem Wein berankte Herrenhaus. Das Hotel bietet Annehmlichkeiten wie einen schönen Garten und einen Swimmingpool. Der Speisesaal besitzt einen traumhaften Panoramablick über die Kreideklippen, in dessen Genuß auch »normale« Restaurantgäste kommen.
Chemin de Saint-Clair
Tel. 02 35 27 08 23, Fax 02 35 29 92 24
10 Zimmer
Obere Preisklasse (AM, DC, EC/MC, Visa)

Service

Auskunft

Office de Tourisme
Place Maurice Guillard
76790 Etretat
Tel. 02 35 27 05 21, Fax 02 35 28 87 20

Fécamp ■ G 2

Fécamp, das sind genaugenommen zwei Städte in einer. Da ist einmal die Hafenstadt mit den Matrosenkneipen und der Kirche der Seefahrer (**Eglise Saint-Etienne**), ein kleines Stück höher liegt die alte Stadt der Kaufleute und alteingesessenen Familien, deren Keimzelle das Kloster mit der **Eglise Sainte-Trinité** war.

Benediktinermönche ließen sich in der Mitte des 7. Jh. in Fécamp nieder; die Wikinger zerstörten im Jahre 841 das Kloster, um es aber kurz darauf zu einer neuen Blüte zu führen. Fécamp wurde im 10. Jh. eine der wichtigsten Städte des neugegründeten normannischen Herzogtums. Aufgrund ihrer Machtfülle lenkten die Mönche die Geschicke der Stadt und machten das Kloster zu einem der reichsten in der Normandie.

Vom 16. Jh. bis in die jüngste Vergangenheit war Fécamp der Heimathafen zahlloser Schiffe, die zu den reichen Kabeljaufanggründen Neufundlands ausliefen. Nur unzureichend vor Kälte geschützt und vom Hunger gepeinigt, wagten die tapferen Seeleute von Fécamp die Fahrt über die stürmische See. Das **Musée des Terre-Neuvas et de la Pêche** widmet sich ausführlich diesem Kapitel der Stadtgeschichte, das erst in jüngster Vergangenheit ein Ende gefunden hat: 1987 wurde die Fischerei vor Neufundland eingestellt. Aufgrund geringer Fangquoten und steigender Kosten rechnete sich der Kabeljaufang nicht mehr für die Fischer von Fécamp.

Die rund 22 000 Einwohner zählende Stadt mit ihrem langgestreckten Kieselstrand ist heute eines der beliebtesten Ziele an der Côte d'Albâtre.

Sehenswertes

Abbatiale de la Sainte-Trinité

Die Kirche Sainte-Trinité mit ihren schönen Seitenkapellen atmet noch immer den Geist des Mittelalters, wenngleich der Besucher die ehemalige Stiftskirche durch ein Barockportal betritt. Das 127 m lange Kirchenschiff zählt zu den größten Frankreichs, selbst die Kirche Notre-Dame in Paris ist nur 3 m länger! Auf der anderen Straßenseite ragen die Reste einer normannischen Burg empor.

Palais Bénédictine
→ Der Besondere Tip, S. 27

Museen

Musée Centre des Arts

Das Stadtmuseum von Fécamp beherbergt ein breites Ausstellungsspektrum: Neben einer Darstellung der Stadtgeschichte können Fayencen aus Rouen, Elfenbeinschnitzereien, historische Gebrauchsgegenstände sowie Landschaftsmalerei aus dem 19. Jh. besichtigt werden.
21, rue Alexandre-Legros
Tgl. außer Di 10–12 und 14–17.30 Uhr
Eintritt 20 FF (für beide Museen)

Musée des Terre-Neuvas et de la Pêche

Direkt an der Küste gelegen, werden in einem modernen Gebäude auf zwei Etagen die Geschichte des Fischfangs vor Neufundland und der heimischen Küste dokumentiert sowie die Tradition des regionalen Schiffbaus veranschaulicht.
27, boulevard Albert Ier
Tgl. außer Di 10–12 Uhr und 14–17.30 Uhr, im Juli und Aug. tgl. bis 18.30 Uhr
Eintritt 20 FF (für beide Museen)

Service

Auskunft

Maison de Tourisme
113, rue Alexandre Le Grand
76400 Fécamp
Tel. 02 35 28 51 01, Fax 02 35 27 07 77

Fahrradvermietung

Folio Cycles
2, av. Gambetta
Tel. 02 35 28 45 09

Katamaranfahrten

Seit 1996 verkehrt zwischen Fécamp und dem englischen Brighton
ein Katamaran. In nur zwei Stunden
hat man den Ärmelkanal überquert.

Worms Agent
Grand Quai
Tel. 02/35 29 18 60

Markt

Samstagvormittag

Honfleur ■ G 3

Honfleur, die berühmteste Künstlerkolonie der Normandie, steht seit
dem frühen 19. Jh. hoch in der Gunst
der Maler und Schriftsteller,
allen voran Eugène Boudin.
Der 1824 in Honfleur geborene
Boudin wurde zu einem Wegbe-
reiter des Impressionismus. Das
städtische **Kunstmuseum** trägt
deshalb auch Boudins Namen.
Das originellste Bauwerk des Ortes
ist die Kirche **Sainte-Catherine**;
sie stammt aus dem 15. Jh. und ist
die größte Holzkirche Frankreichs.
Der pittoreske **Vieux Bassin** und die
Gassen von Honfleur sind das Ziel
zahlreicher Ausflügler; im Sommer
sind die Bars und Restaurants am
Hafenbecken meist bis auf den letzten Platz besetzt. Aus der Tradition
als Künstlerstadt versteht man
selbstverständlich auch Kapital zu
schlagen: Wer will, kann stunden-
lang die Angebote der Galerien und
Antiquitätengeschäfte studieren.

TOPTEN

Musée des Terre-Neuvas et da la Pêche: alles zum Thema Fischfang

SEHENSWERTE ORTE UND AUSFLUGSZIELE

Museen

Musée d'Ethnographie et d'Art Populaire et de la Marine

Im alten Gefängnis und der benachbarten Kirche Saint-Etienne werden in zwölf historisch eingerichteten Räumen die lokale Volkskultur sowie die Seefahrertradition von Honfleur dokumentiert.
Quai Saint-Etienne
Tgl. 14.30–18 Uhr, in der Hauptsaison sowie am Wochenende auch 10.30–12.30 Uhr
Eintritt 25 FF

Musée Eugène Boudin

Das dem größten Sohn der Stadt gewidmete Museum besitzt eine umfangreiche Sammlung impressionistischer Malerei. Angegliedert ist eine Trachtenausstellung.
Place Erik Satie
Mitte März–Sept. tgl. außer Di 10–12 und 14–18, im Winter nur 14.30–17, sowie Sa und So 10–12 Uhr
Eintritt 19 FF, erm. 15 FF

Essen und Trinken

La Tortue

Nur einen Steinwurf vom Musée Eugène Boudin entfernt läßt sich in den behaglichen Räumen des Restaurants ein angenehmer Abend verbringen. Vorzüglicher Service und ansprechendes Preis-Leistungs-Verhältnis.
36, rue l'Homme de Bois
Tel. 02 31 89 04 93
Mo abends sowie Di in der Nebensaison geschl.
Mittlere Preisklasse (EC/MC, Visa)

Du Vieux Clocher

Wer eine gediegenere Atmosphäre bevorzugt, sollte hierher gehen. Die Küche lockt mit Spezialitäten der Region.
9, rue l'Homme de Bois
Tel. 02 31 89 12 06
So abends und Mi geschl.
Obere Preisklasse (AE, DC, EC/MC, Visa)

Hat viele Maler inspiriert: Der Hafen von Honfleur

Service

Auskunft

Office de Tourisme
Place Arthur-Boudin
14600 Honfleur
Tel. 02 31 89 23 30, Fax 02 31 89 18 76

Lillebonne ■ G 2

Nach der Eroberung Galliens ließ
Caesar hier eine gallische Siedlung
nach römischen Vorstellungen zur
Stadt ausbauen. Davon zeugt noch
das relativ gut erhaltene Amphitheater, das bis zu 10 000 Zuschauer
fassen konnte. Mit der Versandung
des Hafens ging auch der Bedeu-
tungsverlust von Lillebonne einher.
Wilhelm der Eroberer ließ im 11. Jh.
gegenüber dem Amphitheater eine
Burg errichten, in der er der Überlieferung zufolge den Entschluß zur
Eroberung Englands gefaßt haben
soll.

Pont-Audemer ■ G 3

Die einstige Gerberstadt im Tal der
Risle hat trotz Kriegszerstörungen
ihr altertümliches, von Fachwerkhäusern geprägtes Erscheinungsbild
bewahren können. Das eindrucks-
vollste Bauwerk ist die nicht vollen-
dete Kirche Saint-Ouen, deren älteste Teile noch aus dem 11. Jh. stammen; auffällig ist das extrem hohe
Kirchenschiff. Wer gegenüber der
Kirche durch einen kleinen Durch-
gang tritt, erblickt unvermutet die
beschauliche Seite der Stadt.

Hotels und andere Unterkünfte

Auberge du Vieux-Puits
Der Gasthof und das zugehörige
Restaurant strahlen viel historisches
Flair aus. Dies verwundert nicht,
stammt die einstige Färberei doch

aus dem 17. Jh. Die Spezialität des
Restaurants ist truite (Forelle) Bovary au champagne.
6, rue Notre-Dame-du-Pré
27500 Pont-Audemer
Tel. 02 32 41 01 48, Fax 02 32 42 37 28
12 Zimmer
Mo abends und Di geschl.
Mittlere Preisklasse (EC/MC, Visa)

Le Petit Coq aux Champs
Das große strohgedeckte Fachwerkhaus liegt ein Stück südlich von
Pont-Audemer inmitten einer ländli-
chen Region. Aufgrund der exzellen-
ten Küche und des freundlichen Ser-
vices reisen Feinschmecker aus der
gesamten Region an.
La Pommeaie Sud
27500 Campigny
Tel. 02 32 41 04 19, Fax 02 32 56 06 25
12 Zimmer
Obere Preisklasse (AE, DC, EC/MC,
Visa)

Pont de Normandie
■ G 3

Bis 1959 existierte oberhalb von
Rouen keine einzige Brücke, die
über die Seine führte; nach dem
Pont de Brotonne und dem Pont
de Tancarville ist 1994 der Pont
de Normandie als dritte und zugleich
spekulärste Brücke am Unterlauf
der Seine in Betrieb genommen
worden. Der 2141 m lange Pont de
Normandie – die längste Spann-
brücke der Welt – gilt als Wunder-
werk der Technik; die beteiligten
Ingenieure vollbrachten die techni-
sche Meisterleistung, den beiden
214 m hohen Stützpfeilern den nöti-
gen Halt im sandigen Untergrund
des Seinetals zu geben. Das Mittel-
stück mißt 856 m und schwebt bei
Flut beachtliche 52 m über der Was-
seroberfläche.
Überfahrt 32 FF

Trotz Kriegszerstörungen hat sich die normannische Metropole ihr altertümliches Aussehen bewahren können; Fachwerk und Gotik dominieren die Altstadt.

Seit sich der normannische Wikingerführer Rollo mit Seinewasser taufen ließ und die Stadt zu seiner Residenz erkor, wurden die Geschicke des normannischen Herzogtums von Rouen aus gelenkt. Die relativ rechtwinklig verlaufenden Altstadtstraßen erinnern aber noch daran, daß bereits das römische **Rotomagus** eine wichtige Provinzhauptstadt war. Zudem spielte sich eines der prägnantesten Ereignisse der französischen Geschichte in Rouen ab: Am 30. Mai 1431 wurde **Jeanne d'Arc**, die später zur Nationalheldin stilisierte Jungfrau von Orléans, am Vieux-Marché öffentlich verbrannt.

Hafenstadt im Binnenland

Reich wurde die Stadt vor allem durch ihren Hafen und ihre Funktion als vorgelagerter Warenumschlagplatz von Paris. Diese Tradition hat sich bis in die Gegenwart fortgesetzt: Noch heute besitzt die Binnenstadt Rouen den fünftgrößten Hafen Frankreichs. An dem der Altstadt gegenüberliegenden Seineufer haben sich Industrieansiedlungen und Vorstädte ausgebreitet, die Rouen das Aussehen einer modernen

Rouen

■ I 2/I 3

Großstadt geben. Welch ein Gegensatz zum beschaulichen historischen Zentrum! In der pittoresken **Altstadt** stehen die alten Fachwerkhäuser dicht gedrängt. Das zumeist senkrecht verlaufende Fachwerk verleiht den Häusern ein strenges, würdevolles Aussehen. Das Baujahr der Fachwerkhäuser läßt sich deutlich erkennen: Die Häuser, die zur Straße hin auskragen, sind vor dem Jahr 1520 errichtet worden, denn damals wurde es infolge einer verheerenden Pestepidemie aus hygienischen Gründen verboten, so zu bauen, daß sich die oberen Stockwerke der gegenüberliegenden Häuser berühren. Reich an dekorativen Elementen sind vor allem die Gotteshäuser der Stadt. Die **Cathédrale Notre-Dame**, die ehemalige **Abtei Saint-Ouen** und die **Pfarrkirche Saint-Maclou** künden von dem Einfallsreichtum und der Tatkraft ihrer normannischen Baumeister. Die Lücken, die die Bomben des Zweiten Weltkriegs rissen, sind dennoch nicht zu übersehen. Glücklicherweise entschlossen sich die Stadtväter zu einem weitgehend behutsamen Wiederaufbau, so daß die einzigartige Atmosphäre bewahrt blieb.

Ein »Bilderbuch« gotischer Baukunst: die Kathedrale von Rouen

Rouen

0	150 m

Legende:

- Spaziergang mit Laufrichtung
- Top Ten
- Sehenswürdigkeit, öffentl. Gebäude
- Kirche
- Synagoge
- Information
- Parkmöglichkeit
- Hotel
- Museum
- Theater
- Denkmal
- Post
- Busbahnhof
- SNCF Bahnhof
- Fußgängerzone
- Friedhof

Straßen und Orte:

R. Crevier, R. Louette, Rue Saint-Maur, Rue Maladrerie, Rue Vête, Gare Rive D, Rue Bouquet, R. d'Anvers, R. du Dr. L. Dumesnil, R. de Campulley, Rue de Brazza, Rue Tabouret, Rue d'Herbouville, R. de Blainville, R. Louis Thubeuf, St-Gervais, R. Legendre, St-Jean-Baptiste, R. Chasselièvre, Pl. J.-Bapt. de la Salle, Rue St-Gervais, R. Guy de Maupassant, Rue St-André, St-Patrice, R. H. Barbet, R. J. Revel, Rampe, Boulevard de la Marne, Patrice, Rue du Renard, Rue Stanislas, Place Cauchoise, Rue Jean Lecanuet, R. de Lecat, Buffon, Girardin, R. Cauchoise, Rue des Bons Enfants, Ste-Madeleine, R. du Lieu de Santé, Musée Flaubert et d'Histoire de la Médicine, R. de Fontenelle, R. Guillaume-le-Conquérant, Place de la Madeleine, Av. Pasteur, Rue du Lecat, Rue d'Amboise, Rue du Contrat Social, R. de Crosne, Ste-Jeanne-d'Arc, Pl. du Vieux-Marché, R. Rollon, Musée Corneille, Rue Le Nostre, Frantour, Musée Jeanne-d'Arc, Hôtel de Bourgthéroulde, Eglise Norvégienne, R. Racine, Temple St-Eloi, Rue du Georges Dugay-Trouin, R. de Fontenelle, Gal. Giraud, De l'Eu, Boulevard, Pl. Henri IV, Rue A. France, Rue St-Eloi, des Charettes, Gare Routière, Hafenrundfahrt, Quai du Havre, Voie sur Berge, Statue de P. Corneille, Quai du Havre, Pont Guillaume-le-Conquérant, La Seine, Pl. Mal. de Lattre de Tassigny, Quai Cavelier de La Salle, Boulevard des Belges, Boulevard de Fontenelle

Die Buchstaben-Zahlen-Kombinationen im Text verweisen auf die Planquadrate dieser Karte.

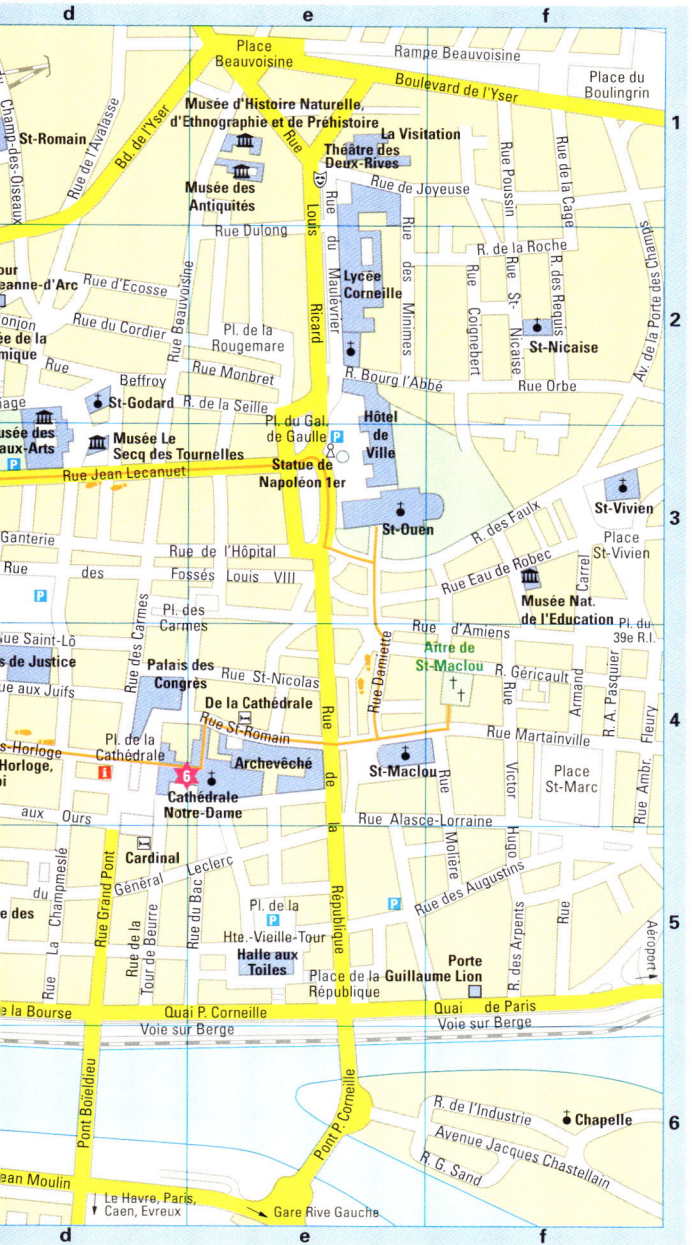

Hotels und andere Unterkünfte

Cardinal ■ d 5
Der Blick ist sicherlich auch eines
Kardinals würdig, denn von den meisten Zimmern hat man die Cathédrale direkt vor Augen.
9, place de la Cathédrale
Tel. 02 35 70 24 42, Fax 02 35 89 75 14
20 Zimmer
Mittlere Preisklasse (EC/MC, Visa)

De la Cathédrale ■ e 4
Das Hotel älteren Datums liegt –
wie der Name erraten läßt – in einer
ruhigen Seitenstraße nahe der Cathédrale. Stilvolles Ambiente mit
einem kleinen Innenhof. Ein Hotel
mit vergleichbarer Atmosphäre ist
in Rouen kaum zu finden.
12, rue Saint-Romain
Tel. 02 35 71 57 95, Fax 02 35 70 15 54
24 Zimmer
Untere/Mittlere Preisklasse (EC/MC,
Visa)

De l'Europe ■ c 4
Unweit der Gros-Horloge wird in
dem erst kürzlich renovierten Hotel
ansprechender Komfort zu einem
moderaten Preis geboten.
89, rue aux Ours
Tel. 02 35 70 83 30, Fax 02 35 15 50 65
27 Zimmer
Mittlere Preisklasse (AE, EC/MC,
Visa)

Frantour ■ b 4
Modernes Hotel inmitten eines
historischen Viertels.
15, rue de la Pie
Tel. 02 35 71 00 88, Fax 02 35 70 75 94
48 Zimmer
Obere Preisklasse (AE, DC, EC/MC,
Visa)

Jugendherberge
118, bd. de l'Europe
Tel. 02 35 72 06 45

Spaziergang

Eine Empfehlung vorab: Rouen besitzt zahlreiche attraktive Innenhöfe
mit dahinterliegenden Herrenhäu-
sern; daher sollte man, sobald eines
der Hoftore geöffnet ist, die Ge-
legenheit nutzen und einen Blick
dahinter werfen.

Als Ausgangspunkt für einen
Rundgang durch Rouen empfiehlt
sich entweder die **Place du Vieux-
Marché** oder die **Cathédrale**. Ent-
scheidet man sich für die Place du
Vieux-Marché, so führt der Weg
zum Auftakt durch eine der male-
rischsten Straßen von Rouen: Die
Rue du Gros-Horloge mit ihrer
reichverzierten namensgebenden
Stadtuhr strebt auf die **Cathédrale**
zu. Verläßt man die Cathédrale
durch das nördliche Querschiff, so
schließt direkt daran der pittoreske
»Buchhändlerhof« an. Ebenfalls in
unmittelbarer Nähe steht **Saint-
Maclou**, ein Meisterwerk der Flamboyant-Gotik. Nur wenige Schritte
sind es von der Kirche durch eine
schmale Hofeinfahrt hindurch zum
Aître de Saint-Maclou, einem der
letzten noch erhaltenen spätmittelalterlichen Pestfriedhöfe. Um den sakralen Reigen zu vollenden, bietet
sich ein Besuch von **Saint-Ouen** an,
der größten Kirche von Rouen.

Die Rue Jean Lecanuet führt zu
den zwei herausragendsten Museen
der Stadt: dem **Musée des Beaux-
Arts** und dem **Musée Le Secq
des Tournelles**. Die letzte Station
auf dem Weg zurück über die Rue
Jeanne d'Arc zum Ausgangspunkt
ist der **Palais de Justice**, wo einst
das normannische Parlament tagte.
Zum Abschluß empfiehlt sich noch
ein Abstecher zum **Hôtel de Bourgthéroulde**. Einschließlich der Mu-
seumsbesuche ist für den Spaziergang wohl ein ganzer Tag einzupla-
nen.

Sehenswertes

Cathédrale Notre-Dame ■ d 4/e 4
Die Prachtfassade der Cathédrale von Rouen zählt zu den schönsten Kirchenfassaden in Europa. Claude Monet hatte sie gleich mehrfach gemalt. Aber nicht nur kunstgeschichtlich, auch politisch war die Kathedrale von großer Bedeutung: Die normannischen Herzöge Rollo, Wilhelm Langschwert und Heinrich II. liegen hier begraben, ebenso fand auch das Herz des Königs Richard Löwenherz hier seine letzte Ruhestätte. Genaugenommen handelt es sich bereits um die dritte Kathedrale an dieser Stelle; von 1143 an gingen bis zur Vollendung des Gotteshauses insgesamt knapp vier Jahrhunderte ins Land. Mit der an der Nordseite errichteten **Tour Saint-Romain** wurde der Bau in Angriff genommen, während die **Tour de Beurre** den Bau gewissermaßen beschloß. Dieser »Butterturm« erhielt seinen Namen angeblich aufgrund der Erhebung eines Butterablasses, den jeder zu entrichten hatte, der zur Fastenzeit Milchprodukte verzehren wollte. Imposant ist auch der **Vierungsturm** mit seinem gußeisernen Helm; er ragt 151 m empor und ist damit der höchste Kirchturm Frankreichs.

Gros-Horloge und Beffroi ■ d 4
Der Torbogen mit der großen Uhr ist das wohl am häufigsten photographierte Gebäude Rouens. Zu Beginn der Neuzeit, als die öffentliche Uhr in Europa zu einem signifikanten städtischen Attribut geworden war und das Leben in der Stadt geradezu mit einem Leben nach der Uhr identifiziert wurde, gaben die Stadtväter von Rouen die Fertigung dieser prächtigen Uhr in Auftrag. Genauso wie die benachbarte Stadtturm (Beffroi), in dem bis 1527 die Uhr untergebracht war, stellte auch der neue Torbogen ein Prestigeobjekt der Bürgerschaft dar. Der Beffroi kann übrigens bestiegen werden.

Das Wahrzeichen von Rouen: Le Gros-Horloge

Hôtel de Bourgthéroulde ■ c 4

Das einstige Adelspalais ist eines der schönsten Renaissancehäuser von Rouen. Besondere Beachtung verdient das restaurierte Relief mit Triumphdarstellungen im Innenhof.

Palais de Justice ■ c 4/d 4

Der Justizpalast, das wohl schönste profane Bauwerk der Stadt, markiert den Übergang von der Flamboyant-Gotik zur Renaissance; das Gebäude erinnert nicht von ungefähr an die Kathedrale: Mit Roulland Le Roux war derselbe Baumeister beteiligt. Im 16. Jh. residierte das normannische Parlament in diesen stattlichen Mauern. Daß bei Restaurierungsarbeiten im Hof ein jüdisches Gebäude – eventuell eine Synagoge – aus dem 12. Jh. entdeckt wurde, verwundert nicht, da sich hier im Mittelalter das Judenviertel befand.

Place du Vieux-Marché ■ c 4

Von den alten Markthallen ist zwar nichts mehr zu sehen, dafür erinnern ein Museum, ein überdimensionales Kreuz und die futuristische Kirche **Sainte-Jeanne d'Arc** mit ihren historischen Renaissancefenstern daran, daß am 30. Mai 1431 auf diesem Platz Jeanne d'Arc auf dem Scheiterhaufen verbrannt worden ist. Von außen ist die den Flammen des Scheiterhaufens nachempfundene Kirche zwar gewöhnungsbedürftig, doch strahlt ihr Innenraum eine ruhige und angenehme Atmosphäre aus. Am westlichen Ende des Platzes kann in der Rue de la Pie das Geburtshaus des berühmten Dramatikers der Klassik Pierre Corneille besichtigt werden (tgl. außer Di und Mi vormittags 10–12 und 14–18 Uhr, Eintritt 5 FF).

Saint-Maclou ■ e 4/f 4

Die Kirche ist ein Meisterwerk der spätgotischen Flamboyant-Architektur und besticht durch ihre ausgewogenen Proportionen. Der für damalige Verhältnisse relativ kurzen Bauzeit von wenigen Jahrzehnten ist es zu verdanken, daß sie in einem so überaus einheitlichen Stil entstehen konnte. Ungewöhnlich ist die vierseitige Apsis.
Tgl. 10–12 und 14–18 Uhr

Saint-Ouen ■ e 3/f 3

Die lichtdurchflutete ehemalige Abteikirche überrascht vor allem durch ihre Dimensionen; sie übertrifft sogar die Cathédrale von Rouen um ein paar Meter in der Länge und der Höhe der Gewölbe. Künstlerisch gelungen sind der 82 m hohe Vierungs-

DER BESONDERE TIP

Aître de Saint-Maclou Hinter der gleichnamigen Kirche liegt einer der letzten noch erhaltenen spätmittelalterlichen Pestfriedhöfe; leider nahm dieses einzigartige Baudenkmal während der Religionskriege schweren Schaden. Seit mehreren Jahren erfüllen die Studenten der Kunsthochschule den von zweistöckigen Fachwerkbauten eingerahmten Innenhof mit Leben; ein erfreulicher Gegensatz zu den eher düsteren Totentanz-Schnitzereien. ■ f 4

turm und die Glasfenster, ansonsten bildet der gotische Baustil, bedingt durch die lange Bauzeit, keine Einheit. Schwer vorstellbar ist, daß das Gotteshaus nach der Französischen Revolution zeitweilig als Waffenschmiede dienen mußte.
Von 12–14 Uhr und Di geschl.

Tour Jeanne d'Arc ■ d 2

Der Turm – der letzte von einst sieben – stammt vom Schloß des französischen Königs Philippe Auguste. Der Überlieferung zufolge wurde Jeanne d'Arc unter dem spitzen Kegeldach gefangengehalten und auch gefoltert.
Rue du Donjon
Tgl. außer Di 10–12 und 14–17.30 Uhr, im Winter nur bis 17 Uhr
Eintritt 10 FF, erm. 5 FF

Museen

Musée des Antiquités ■ e 1

Da die Normandie einst zum Römischen Reich gehörte, wurden durch mehr oder weniger zufällige Grabungen zahlreiche Fundstücke zutage gefördert, darunter ein Apollo-Mosaik, das aus dem römischen Amphitheater von Lillebonne stammt. Ergänzt wird die Sammlung durch mittelalterliches Kunsthandwerk.
198, rue Beauvoisine
Tgl. außer Di 10–12.30 und 13.30–17.30 Uhr, So nur 14–18 Uhr
Eintritt 20 FF, erm. 10 FF

Musée des Beaux-Arts ■ d 2/d 3

Eines der beeindruckendsten Kunstmuseen Frankreichs. Die Dauerausstellung umfaßt Werke aus den letzten fünf Jahrhunderten, darunter Gemälde von Velázquez, Rubens und Caravaggio (Geißelung Christi) sowie fast allen namhaften französischen Impressionisten (Claude Monet, Auguste Renoir, Alfred Sisley etc.). Eine eigene Abteilung ist dem

aus Rouen stammenden Théodore Géricault gewidmet. Ein Teil des Museums ist für Wechselausstellungen reserviert.
7, square Verdrel
Tgl. außer Di 10–18 Uhr
Eintritt 20 FF, erm. 13 FF

Musée de la Céramique ■ d 2

Spätestens nach einem Besuch des Keramikmuseums weiß man, warum die Fayencen aus Rouen zu den erlesensten des französischen Königreichs gezählt wurden; Fayencen waren vor allem während der Regentschaft des Sonnenkönigs begehrt: Ludwig XIV. hatte seinen Adeligen nämlich den Gebrauch von goldenem und silbernem Tafelgeschirr per Anordnung untersagt, woraufhin diese ihre Gäste auf edlem Fayencegeschirr bewirteten.
Tgl. außer Di 10–13 und 14–18 Uhr
Eintritt 13 FF, erm. 9 FF

Musée Flaubert et d'Histoire de la Médicine ■ a 4

Im ehemaligen Wohnhaus der Familie Flaubert wird das Andenken an den großen Dichter bewahrt. Den Umstand, daß Flauberts Vater Chirurg war, nahm man anscheinend zum Anlaß, eine kleine, etwas bizarre Ausstellung zur Medizingeschichte ergänzend hinzuzufügen. Wahre Freunde Flauberts fahren noch nach Croisset, einem ehemals idyllischen Vorort im Westen der Stadt. Dort hatte Flaubert Vater 1844 ein Gartenanwesen erworben. Gustave Flaubert richtete sich in einem Pavillon ein Arbeitszimmer ein und schrieb dort mit Blick auf die Seine.
51, rue de Lecat
Di–Sa 10–12 und 14–18 Uhr (läuten!)
Eintritt frei

SEHENSWERTE ORTE UND AUSFLUGSZIELE

Musée d'Histoire Naturelle, d'Ethnographie et de Préhistoire ■ e 1
Sammelsurium von Skeletten, ausgestopften Tieren, Fossilien und ethnographischen Exponaten.
Square André-Maurois/198, rue Beauvoisine
Di–Sa 9.45–12 und 13.45–17.30 Uhr
Eintritt 13 FF, erm. 9 FF

Musée Jeanne d'Arc ■ c 4
Wachsfigurenkabinett in einem nachempfundenen Gewölbe.
Place du Vieux-Marché
Mai–Mitte Sept. tgl. 9.30–18.30 Uhr, Mitte Sept.–April tgl. außer Mo 10–12 und 14–18 Uhr
Eintritt 22 FF, erm. 11 FF

Musée National de l'Education ■ f 3
Das staatliche Museum zeigt in einem alten Fachwerkhaus – dem einstigen Standesamt – den Wandel des Schulwesens und der Erziehung bis in die Gegenwart auf.
185, rue Eau-de-Robec
Di und Sa 13–18, So 14–18 Uhr
Eintritt 10 FF

Musée Le Secq des Tournelles ■ d 3
Diese umfangreiche Sammlung der Schmiedekunst ist der Sammelleidenschaft eines Privatmanns entsprungen, der seinen reichbestückten Fundus 1920 der Stadt Rouen vermachte. In einer alten Kirche hat das Museum einen würdigen Rahmen gefunden. Die ausgestellten Türschlösser, Scheren, Stühle usw. dokumentieren die Geschichte des Schmiedehandwerks von der Römerzeit bis in das 20. Jh. hinein.
8, rue Jacques Villon
Tgl. außer Di 10–13 und 14–18 Uhr
Eintritt 13 FF, erm. 9 FF

Essen und Trinken

La Couronne ■ c 4
→ Der Besondere Tip, S. 20

Dufour ■ d 4/e f
Unweit der Cathédrale tafelt man hier zu einem akzeptablen Preis-Leistungs-Verhältnis. Die altertümliche Atmosphäre des großen Speiseraums sorgt für eine angenehme Stimmung.

DER BESONDERE TIP

Château de Vascœuil In dem Schloß lebte und arbeitete Jules Michelet (1798–1874), einer der herausragendsten französischen Historiker. Ihm zu Gedenken wurde sein Arbeitszimmer im Schloßturm rekonstruiert und in einem Gartenhaus das Musée Michelet eingerichtet. Die zugehörige Parkanlage wandelte man in einen Skulpturengarten um, der unter anderem mit Werken von Georges Braque, Salvador Dalí, Fernand Léger und Victor Vasarely glänzen kann. Durch regelmäßige Kunstausstellungen und Konzerte entwickelte sich Vascœuil in den letzten Jahren zu einem regionalen Kulturzentrum. Ende März–Ende Okt. tgl. 14.30–18.30 Uhr, im Juli und Aug. von 11–19 Uhr. Eintritt 35 FF ■ I 3

14, rue de la Croix-de-Fer
Tel. 02 35 71 90 62
So abends und Mo geschl.
Mittlere Preisklasse (AE, EC/MC, Visa)

Gill ■ d 5

Anspruchsvolle normannische Küche, die auch unter Einheimischen einen ausgezeichneten Ruf genießt.
9, quai de la Bourse
Tel. 02 35 71 16 14
So abends und Mo geschl.
Obere Preisklasse (AE, DC, EC/MC, Visa)

La Toque d'Or ■ c 4

Traditionelles normannisches Gasthaus mit Straßenterrasse.
11, place du Vieux-Marché
Tel. 02 35 71 46 29
Mittlere Preisklasse (EC/MC)

Einkaufen

Bei **Carpentier** in der Rue Saint-Romain (Nr. 26, direkt hinter der Cathédrale) werden Fayencen nach historischen Vorbildern bemalt und verkauft, aber auch individuelle Wünsche werden erfüllt. Die benachbarte **Rue Damiette** gilt als Straße der Antiquitäten.

Service

Auskunft

Office de Tourisme ■ d 4
25, place de la Cathédrale
76008 Rouen Cedex
Tel. 02 35 71 41 77, Fax 02 35 98 55 50

Hafenrundfahrt

An mehreren Samstagen im Sommerhalbjahr um 14.30 Uhr; Abfahrt am Quai de Boisguilbert, Anmeldung im Office de Tourisme. Fahrtkosten 40 FF, erm. 29 FF

Ausflugsziele
Le Bec-Hellouin ■ H 3

Das 1034 gegründete Kloster im Risle-Tal war im Mittelalter ein bedeutendes geistiges Zentrum. Zu den Schülern des Klosters zählte der hl. Anselm von Canterbury, einer der genialsten Köpfe des Hochmittelalters. Die Bauten des Klosters stehen allerdings hinter der geistigen Bedeutung zurück; von der alten Bausubstanz ist kaum etwas erhalten geblieben. Das durch seine Größe imponierende Klostergebäude stammt aus dem 18. Jh., der Kreuzgang ist ein paar Jahrzehnte älter. Die Außenanlagen sind frei zugänglich, im zugehörigen Klosterladen verkaufen die Mönche Keramik aus eigener Herstellung.

Caudebec-en-Caux ■ H 2

Dem Zweiten Weltkrieg fielen leider zahlreiche der pittoresken Fachwerkhäuser zum Opfer, doch Caudebec-en-Caux ist noch immer ein ansehnlicher normannischer Marktflecken. Die Kirche **Notre-Dame** mit ihrer schön gearbeiteten Fassade soll Heinrich IV. als »hübscheste Kapelle im Königreich« bezeichnet haben. Im Haus der Tempelritter (**Maison des Templiers**) kann man sich über die Regionalgeschichte informieren, interessanter ist jedoch ein Besuch des **Musée de la Marine de Seine** (Mitte März–Okt. tgl. außer Di 14–18 Uhr, Eintritt 18 FF, erm. 10 FF), das einen Überblick über die Schiffahrt auf der Seine bietet. Einen Abstecher lohnt die nahe, in der Breite beinahe das ganze Tal einnehmende **Abtei von Saint-Wandrille**; sie ist ähnlich alt wie Jumièges und teilweise verfallen, dennoch leben hier seit 1931 wieder Benediktinermönche.

Château de Robert-le-Diable ■ H 3

→ Mit Kindern unterwegs, S. 29

Jumièges ■ H 3

Die ins Leere gähnenden Mauern der Abtei von Jumièges gelten als die »schönsten Ruinen Frankreichs«.

TOPTEN 7 Die Abtei von Jumièges datiert in das 11. Jh. Nachdem die Wikingerhorden die alte Abtei zerstört hatten, erfolgte ein von Wilhelm dem Eroberer geförderter glanzvoller Neubau im romanischen Stil, im Zentrum die Kirche Notre-Dame. Letztlich waren es die Religionskriege sowie die Französische Revolution, die den Niedergang des einst so mächtigen Klosters einläuteten und besiegelten. Die Mönche wurden vertrieben und die verlassenen Gebäude zum Steinbruch degradiert. Doch welche Anmut und Eleganz geht noch immer von den großteils gotischen Fassaden aus! Trotz der nur spärlich vorhandenen Mauerreste verharrt der Betrachter mit Ehrfurcht.
Mitte Mai–Mitte Sept. tgl. 9–18.30 Uhr, April–Mitte Mai und Mitte Sept.–Okt. 9–12 und 14–17 Uhr, im Winter 10–12 und 14–16 Uhr
Eintritt 27 FF, erm. 19 FF

Lyons-la-Forêt ■ K 3

Der Marktflecken liegt inmitten des Forêt de Lyons; dieser Wald, der gerne als schönster Buchenwald Frankreichs gerühmt wird, bietet gute Wandermöglichkeiten. Lyons-la-Forêt selbst verdankt seine beschauliche Atmosphäre den fachwerkgesäumten Straßen und einer historischen Markthalle aus Holz. Am südlichen Waldrand, wenige Kilometer von Lyons-la-Forêt ent-

fernt, stehen die Ruinen der Abbaye de Mortemer, einer 1134 gegründeten Zisterzienserabtei, und ein dazugehörendes Taubenhaus. Im Garten der Abtei wird am Osterwochenende nachmittags ein Ostereierweitwurf veranstaltet.

Ry ■ I 2

Das kleine Dorf im Osten von Rouen hat sich zum Pilgertreff der Flaubert-Freunde entwickelt. Zwar heißt das beschauliche Dorf – der antiquierte Frisiersalon verdient Beachtung – in Flauberts berühmtem Roman »Madame Bovary« Yonville-l'Abbaye, doch versteckt sich im Namen der tragischen Heldin der Originalschauplatz (Bova-Ry). Flaubert-Freunde kommen in Ry auf ihre Kosten: In der Apotheke wohnte einst Flauberts Vorbild, neben der Post wurde ein Flaubert-Denkmal aufgestellt, und in der Galerie Bovary ein Automatenmuseum mit Romanszenen und Dokumenten eingerichtet.
Ostern–Okt. Sa–Mo 11–12 Uhr und 14–19 Uhr
Eintritt 20 FF, erm. 10 FF

Saint-Martin-de-Boscherville ■ H 3

Das in einer Schleife der Seine gelegene Dorf ist vor allem wegen seiner Pfarrkirche bekannt. Die ehemalige Abteikirche Saint-Georges ist ein prächtiger romanischer Bau aus dem frühen 12. Jh., der jedoch auch gotische Elemente aufweist. An die Kirche schließt sich der Kapitelsaal mit seinem faszinierenden Skulpturenschmuck an (Eintritt 25 FF).
Juli–Sept. tgl. 9–19 Uhr, April–Juni 9–12 und 14–19 Uhr, im Winter nur bis 17 Uhr

Auch als Ruine übt Jumièges größte Anziehungskraft auf Besucher aus

Die Tourismusinstitutionen verdienen ein Lob: Jedes Département hat interessante Routen ausgearbeitet, auf denen sich die Normandie durchstreifen läßt.

Eine tolle Sache: Je nach persönlichen Interessen kann man beispielsweise die Alabasterküste zwischen Le Havre und Dieppe auf der »Straße des Elfenbeins und der Gewürze« erkunden. Die normannischen Seefahrer brachten von ihren Fahrten Elfenbein und edle Gewürze mit. Dieppe war das Zentrum der französischen Elfenbeinschnitzerei; von der einstigen Kunstfertigkeit kann man sich in den Museen von Dieppe und Fécamp überzeugen. Von den exotischen Gewürzen darf ebenfalls geko-

stet werden: Sie bilden die Grundlage des berühmten Bénédictine-Kräuterlikörs, der von den Mönchen aus Fécamp kreiert wurde.

Freunde kulinarischer Genüsse wählen wohl eher die »Camembertstraße« oder eine der »Apfelweinstraßen«, während Kunstliebhaber die Seine entlang der »Straße der Klöster« erkunden.

Alle wichtigen Orte und Ausflugsziele, die unterwegs auftauchen, finden Sie im Kapitel »Sehenswerte Orte und Ausflugsziele« ausführlicher beschrieben.

Die Baie d'Ecalgrain im Nordwesten der Cotentin-Halbinsel

Auf den Spuren der alliierten Landungstruppen

Die Normandie war der Schauplatz eines der bedeutendsten Kriegsszenarien des 20. Jahrhunderts: Die Landung der Alliierten am Morgen des 6. Juni 1944 läutete das Ende der nationalsozialistischen Herrschaft über weite Teile Europas ein; die nun folgende Befreiung Frankreichs mündete in die elf Monate später vollzogene Befreiung Deutschlands vom nationalsozialistischen Joch des Hitlerschen Größenwahns.

Es gibt verschiedene Möglichkeiten, den Spuren der alliierten Landungstruppen durch die Normandie zu folgen. Von offizieller Seite wurden acht thematisch orientierte, aneinander anschließende Touren erarbeitet, die jeweils mit einem Möwensymbol ausgeschildert sind. Wer diese mehr als 1100 Kilometer lange Tour nachfahren will, sollte allerdings eine Woche einplanen. Da die wichtigsten Museen und Gedenkstätten auf ein bestimmtes Gebiet der Normandie konzentriert sind, kann man diese auch auf einer weitaus kürzeren Route besichtigen.

Geschichtsunterricht an Originalschauplätzen

Chronologisch sinnvoll ist es, in **Sainte-Mère-Eglise** zu starten, dessen Kirche durch die unglückliche Landung eines amerikanischen Fallschirmspringers Weltruhm erlangte. Im örtlichen Museum dreht sich auch alles um die Fallschirmspringer, die einen taktisch wichtigen Part bei der Landung spielten. Das am Strand von **Quinéville** gelegene **Musée de la Liberté** gewährt einen Rückblick auf den Alltag im besetzten Frankreich. Südlich schließt sich der **Utah Beach** an, zusammen mit dem **Omaha Beach** war dies der erste von fünf Strandabschnitten, an dem die Invasionstruppen an Land stürmten.

Bevor man – an Carentan vorbei – weiter dem Küstenverlauf folgt, führt der deutsche Soldatenfriedhof bei **La Cambe** die Schattenseiten der Kämpfe um die Normandie eindringlich vor Augen. Ein Stück weiter östlich erinnert der amerikanische Soldatenfriedhof bei **Colleville-sur-Mer** an die hohen Verluste der alliierten Truppen.

Um den langfristigen Erfolg der Landung sicherzustellen und ohne Nachschubprobleme agieren zu können, errichteten die Alliierten bei **Arromanches-les-Bains** einen gigantischen künstlichen Hafen. Im Westen von Arromanches, etwa einen Kilometer vom Ort Longues-sur-Mer entfernt, steht die einzige deutsche Küstenbatterie des Atlantikwalles, in der die Kanonen noch erhalten sind (**Batterie de Longues**).

Dauer: rund zwei Tage
Länge: ca. 115 km
Karte: → Klappe vorne

ROUTEN UND TOUREN

**Die Straße
der Klöster**

Die Seine war und ist die wirtschaftliche und kulturelle Lebensader der Normandie; bereits Kelten und Römer siedelten im Tal ihres mäandernden Unterlaufs. Im frühen Mittelalter hielt das Christentum glanzvoll Einzug, die Abteien von **Jumièges**, **Saint-Ouen**, **Saint-Wandrille** und **Montivilliers** wurden gegründet. Wenig später stießen die Wikingerhorden auf der Seine bis tief in das französische Herzland vor und brandschatzten die reichen Klosteranlagen. Erst nachdem sich Rollo, ihr mächtigster Anführer, zum Christentum bekannt hatte, erlebten die Klöster eine fulminante Renaissance. Mit reichen Schenkungen bedacht, bauten die Bischöfe und Äbte ihre Kirchen und Abteigebäude im romanischen Stil wieder auf; später verdrängte die gotische Architektur weitgehend die romanischen Formen.

Stätten mittelalterlicher Kultur

Als Ausgangspunkt der Tour empfiehlt sich die **Abbaye Saint-Ouen**, mitten im Zentrum von Rouen gelegen, bevor man dem Lauf der Seine vage folgend das Ziel Le Havre erreicht. Die Äbte von Ouen standen mit den Bischöfen von Rouen in einem beständigen Wettbewerb um die imposanteste Kirche der Stadt. Die erste Abtei im Westen von Rouen ist **Saint-Georges** in **Saint-Martin-de-Boscherville**, ein im 11. Jahrhundert gegründetes Stift mit besonders prächtig verziertem Kapitelsaal.

In Duclair bietet es sich an, der kleinen D 65 zu folgen, die entlang der Seine in einem Bogen nach **Jumièges** führt. Die eindrucksvollen Ruinen von Jumièges künden noch von der einstigen Macht der Abtei. Bei der ein Stück flußabwärts gelegenen **Abbaye Saint-Wandrille** konnte dem endgültigen Verfall noch Einhalt geboten werden: Benediktinermönche erfüllen die Gebäude seit ein paar Jahrzehnten wieder mit Leben.

Über **Lillebonne**, wo ein guterhaltenes römisches Amphitheater bewundert werden kann, führt der Weg zu der wenige Kilometer weiter nördlich gelegenen **Abbaye du Valasse**. Das Zisterzienserkloster wurde von Mathilde, einer Enkelin Wilhelm des Eroberers, gegründet. Die letzten beiden Stationen sind die **Abbaye Saint-Sauveur** (romanische Kirche) in Montivilliers und die **Priorei von Graville**. Beide liegen schon spürbar im Umfeld von Le Havre. Zur Priorei von Graville gelangt man am besten, wenn man von Montivilliers den Weg Richtung Harfleur einschlägt.

Dauer: Tagesausflug
Länge: ca. 110 km
Karte: → Klappe hinten

Nach Jersey

Jahrhundertelang gehörten die Kanalinseln und die Normandie zum selben Herrschaftsraum – die Franzosen sprechen noch heute von den **Iles Anglo-Normandes** –, erst die Niederlage Englands im Hundertjährigen Krieg besiegelte den endgültigen Verlust des einstigen normannischen Herzogtums, die Normandie fiel daraufhin an Frankreich. Die Kanalinseln Jersey, Guernsey, Alderney, Sark und die kleinen »Trabanten« Herm, Jethou und Brecqhou blieben hingegen den englischen Königen als Nachfolger der normannischen Herzöge treu, spielten aber dennoch eine Sonderrolle: Noch heute werden sie von London nur in außenpolitischen und militärischen Belangen vertreten; selbst der Europäischen Union gehören die Kanalinseln nicht an.

Ein Garten Eden

Die Kanalinseln und damit auch **Jersey** sind nicht nur eine Steueroase, sondern dank des Golfstroms auch ein Klimaparadies. Im Frühjahr ist die Inselgruppe ein wahres Blumenmeer, selbst Palmen gedeihen in den Vorgärten. Franzosen lieben den englischen Charakter der Kanalinseln, während die Engländer den französischen Charme schätzen. Jersey, mit 116 Quadratkilometern und 72 000 Einwohnern die größte und bevölkerungsreichste Insel des Archipels, liegt nur einen Katzensprung von der normannischen Küste entfernt. Grund genug für einen Ausflug zur landschaftlich vielfältigsten Kanalinsel. Naturfreunde finden einsame Strandbuchten genauso wie harsche Steilküsten, neben wundervollen Parkanlagen lädt der berühmte **Jersey Zoo** zu einem Besuch ein. Selbstverständlich gibt es auch Museen und historische Bauwerke für Kulturliebhaber sowie verträumte Städtchen wie **St. Aubin**.

Die Fähren nach Jersey (St. Helier) benötigen von Granville aus rund 70 Minuten. Die Abfahrtszeiten sind vom Tidenstand abhängig, wenn es die Gezeiten zulassen, morgens um 9 Uhr. Weitere Fährverbindungen bestehen auch von Carteret aus. (Ausführlichere Informationen im Band **MERIAN** *live!* **Kanalinseln**)

Dauer: Tagesausflug, je nach Lust und Laune auch verlängerbar (zahlreiche Übernachtungsmöglichkeiten)
Fährlinie: Emeraude Lines
1, rue Lecampion, gare Maritime
50400 Granville
Tel. 02/33 50 16 36, Fax 33 50 87 80
Karte: → Klappe vorne

Etretat liegt in einem schmalen Tal, eingerahmt von hochaufragenden Kreideklippen, Falaises genannt. Dank dieser ungewöhnlich bizarren, knapp hundert Meter hoch aufragenden Felsformationen ist Etretat eines der beliebtesten Ausflugsziele an der normannischen Küste; auch die Maler Claude Monet, Eugène Delacroix und Gustave Courbet haben die Kreideklippen in ihren Bildern verewigt. Auf einer Wanderung entlang der Abbruchkante – der Streifen satten Grüns markiert das Ende der Kontinentalplatte – gewinnt man einen phantastischen Eindruck von dieser Küstenlandschaft.

Entlang der Kreideklippen von Etretat

■ G 2

TOP TEN 5

Das auffällige Monument auf der Falaise d'Amont – ein schräg in den Himmel ragender überdimensionaler Pfeil – erinnert an die Piloten Charles Nungesser und François Coli, die im Mai 1927 einen Versuch wagten, den Atlantik im Non-Stop-Flug zu überqueren. Wenige Tage vor Lindbergh gestartet, wurden sie über Etretat ein letztes Mal gesichtet... Nach Osten hin stehen Wanderlustigen mehr Möglichkeiten offen: Der Küstenweg führt bis ins rund 10 Kilometer entfernte Yport.

Auf der gegenüberliegenden Seite erhebt sich die **Falaise d'Amont** mit der **Chapelle Notre-Dame-de-la-Garde**.

Die schönsten Felsen der Normandie

Zu der im Westen gelegenen **Falaise d'Aval** führt der Aufstieg an den Ruinen eines deutschen Bunkers vorbei. Kurze Zeit später steht man oberhalb der **Porte d'Aval** mit Blick auf die vorgelagerte **Aiguille**, eine 70 Meter hohe, spitzaufragende Felsnadel. Ein ständiger Begleiter sind die kreischenden Möwen, die über den Felsen kreisen, weit draußen am Horizont dümpeln ein paar Fischerboote. Ein letzter Höhepunkt ist **La Manneporte**, ein weiteres gigantisches Felsentor. Wer will, kann dem Trampelpfad noch ein Stück folgen, bevor es auf dem gleichen Weg zurück nach Etretat geht.

Tips zur Wandervorbereitung

Wichtig ist es, sich nicht zu nahe an den Abgrund heranzuwagen, denn der Stein kann sehr brüchig sein – immer wieder stürzen Felsbrocken ins Meer! Eine weitere Gefahr droht bei plötzlichen heftigen Windböen.

Wer bei Ebbe am Strand unterhalb der Klippen wandern will, muß sich vor Steinschlag in acht nehmen, noch wichtiger ist es allerdings, die angeschlagenen Zeiten für Ebbe und Flut genau zu studieren, denn während der Flut ist es sechs Stunden lang nicht möglich, die Felsbögen zu passieren.

Dauer: 1/2 bis ganzer Tag
Länge: zwischen 6 und 20 km

Charakteristisch: die 70 m aufragende Aiguille

WICHTIGE INFORMATIONEN

Auskunft

Die Fremdenverkehrseinrichtungen der Städte und Ortschaften (»Office de Tourisme« oder »Syndicat d'Initiative«) versenden auf Anfrage Prospekte, Unterkunftsverzeichnisse sowie Informationen zu diversen Pauschalangeboten (→ Service bei den einzelnen Orten). Allgemeine Auskünfte und Prospektmaterial bekommen Sie auch bei den Französischen Fremdenverkehrsämtern.

In Deutschland
Maison de la France
– Westendstr. 47
60325 Frankfurt/M.
Tel. 0 69/7 56 08 30
– Keithstr. 2-4
10787 Berlin
Tel. 0 30/2 18 20 64, Fax 2 14 12 38

In Österreich
Maison de la France
Landstraßer Hauptstr. 2
1033 Wien
Tel. 01/71 57 06 10

In der Schweiz
Maison de la France
Löwenstr. 59
8023 Zürich
Tel. 01/2 21 35 78

In der Normandie
Comité Régional du Tourisme de Normandie
14, rue Charles Corbeau
27000 Evreux
Tel. 02 32 33 79 00
Fax 32 31 19 04

Hat man bereits eine bestimmte normannische Urlaubsregion im Auge, so ist es ratsam, sich direkt an die Tourismusbehörde des jeweiligen Départements zu wenden:

Comité Départemental du Tourisme du Calvados
Place du Canada
14000 Caen
Tel. 02 31 86 53 30, Fax 02 31 79 39 41

Comité Départemental du Tourisme de l'Eure
Boulevard G. Chauvin B.P. 367
27003 Evreux Cedex
Tel. 02 32 31 51 51, Fax 02 32 31 05 98

Comité Départemental du Tourisme de la Manche
Maison du Département
50008 Saint-Lô Cedex
Tel. 02 33 05 98 70, Fax 02 33 56 07 03

Comité Départemental du Tourisme de l'Orne
88, rue Saint-Blaise, B.P. 50
61002/Alençon Cedex
Tel. 02 33 28 88 71, Fax 02 33 29 81 60

Comité Départemental du Tourisme de Seine-Maritime
B.P. 60
76420 Bihorel-les-Rouen
Tel. 02 35 59 26 26, Fax 02 35 59 86 04

Bevölkerung

In den beiden Regionen Haute-Normandie und Basse-Normandie leben mehr als 3,1 Mio. Menschen; rund ein Drittel wohnt und arbeitet im Tal der Seine, wo mit Rouen und Le Havre auch die beiden größten Städte der Normandie zu finden sind. Die nach Norden auskragende Halbinsel Cotentin ist hingegen nur spärlich besiedelt.

Diplomatische Vertretungen

Deutsche Botschaft
13-15, av. Franklin-D.-Roosevelt
75008 Paris
Tel. 01 42 99 78 00, Fax 43 59 74 18

Deutsche Honorarkonsulate
– 7bis, rue Pierre-Brossolette
76051 Le Havre
Tel. 02 35 21 11 22
– 22, rue Mustel
76000 Rouen
Tel. 02 35 89 81 81

Österreichische Botschaft
6, rue Fabert
75007 Par s
Tel. 01 45 55 95 66

Schweizer Botschaft
142, rue de Grenelle
75007 Paris
Tel. 01 25 55 67 00
Fax 01 45 51 34 77

Feiertage

Banken, Büros und Geschäfte haben an den beweglichen Feiertagen (Ostermontag, Pfingstmontag), lokalen Festtagen sowie an folgenden Tagen geschlossen:

1. Januar	Neujahr
1. Mai	Tag der Arbeit
8. Mai	Waffenstillstand 1945
14. Juli	Nationalfeiertag
15. August	Maria Himmelfahrt
1. November	Allerheiligen
11. November	Waffenstillstand 1918
25. Dezember	Weihnachten

Fernsehen

In den Hotels ab der Mittleren Preisklasse gehört ein Fernsehapparat zur Standardausstattung.

FKK

In Frankreich gibt es zahlreiche FKK-Freunde, »oben ohne« ist nirgendwo tabu. Entlang der Küste lassen sich zahlreiche Stellen entdecken, an denen man problemlos alle Hüllen fallenlassen kann. Um niemanden zu provozieren, sollte man sich aber danach richten, wie es die Strandnachbarn handhaben.

Strandgut? Eine englische Telefonzelle im Seebad Courseulles-sur-Mer

Fotografieren

Obgleich sich Fotografen leicht mit Filmmaterial versorgen können, empfiehlt es sich aufgrund der höheren Preise, bereits zu Hause Filme in ausreichender Zahl einzukaufen. Wer in Schlössern, Kirchen oder Museen fotografieren möchte, sollte sich zuvor erkundigen, ob dies erlaubt ist. Das Blitzverbot läßt sich mit einem Stativ oder einem sehr lichtempfindlichen Film (400 ASA) umgehen.

Geld

Französische Francs (FF) sind in 100 centimes (c) unterteilt. Es gibt Münzen zu 5, 10 und 20 c sowie 1/2, 1, 2, 5, 10 und 20 FF, zudem sind Scheine im Wert von 20, 50, 100, 200, 500 FF im Umlauf.

In den letzten Jahren blieb der Wechselkurs des Franc relativ konstant. Im Oktober 1996 mußte man 30 DM für 100 Franc bezahlen. Wegen der relativ hohen Umtauschgebühren für Bargeld lohnt ein Vergleich zwischen den verschiedenen Banken.

1 DM = 3,30 FF
1 sFr = 4,30 FF
1 öS = 0,50 FF

Kreditkarten sind weit verbreitet; sie werden von den meisten, jedoch nicht von allen Hotels und Restaurants akzeptiert. Auch an Tankstellen, Autobahnmautstellen und in größeren Supermärkten ist die Bezahlung mit Kreditkarte in Frankreich viel üblicher als in Deutschland. **Eurocheques** werden bis zu einer Höhe von 1400 Francs eingelöst. Wegen der umständlichen Prozeduren am Bankschalter erweist sich eine EC-Karte mit Geheimzahl oder eine Kreditkarte als sehr hilfreich, denn Geldautomaten sind mittlerweile fast überall anzutreffen. Inhaber von **Postsparbüchern** können bei den Postämtern kommissionsfrei Geld abheben.

Wechselkurs-Umrechnungstabelle

FF	DM	sFr	ÖS
1	0,30	0,25	2,10
5	1,50	1,25	10,50
10	3,00	2,50	21,00
20	6,00	5,00	42,00
30	9,00	7,50	63,00
50	15,00	12,50	105,00
100	30,00	25,00	210,00
250	75,00	62,50	525,00
500	150,00	125,00	1050,00
750	225,00	187,50	1575,00
1000	300,00	250,00	2100,00

Stand: Oktober 1995

Gezeiten

Das Spiel von **marée basse** (Ebbe) und **marée haute** (Flut) ist an der normannischen Küste besonders eindrucksvoll. Alle 12 Stunden und 25 Minuten wiederholt sich das Schauspiel. Bei den Iles de Chausey und am Mont-Saint-Michel beträgt der Tidenhub (Höhenunterschied zwischen Hoch- und Niedrigwasser) knapp 14 m; daher ist bei Wattwanderungen in der Bucht des Mont-Saint-Michel große Vorsicht geboten, um nicht von der Flut überrascht zu werden; diese bricht mit Geschwindigkeiten von bis zu 30 km/h herein.

Kleidung

Die Binsenweisheit »Es gibt kein schlechtes Wetter, nur schlechte Kleidung« trifft auch auf die wechselhaften Wetterverhältnisse der Normandie zu. Je nach Jahreszeit sollte man von der Badehose über Windjacken und dicke Pullover bis hin zur Regenkleidung alles dabei haben. Für eine Wattwanderung empfehlen sich Gummistiefel oder Gummisandalen.

Medizinische Versorgung

Zwischen Deutschland sowie Österreich und Frankreich besteht ein Versicherungsabkommen. Vor dem Arztbesuch muß man seinen Auslandskrankenschein (Vordruck E 111) bei der zuständigen Ortskrankenkasse (**Caisse primaire d'assurance maladie**) gegen einen französischen Krankenschein (**feuille de soins d'assurance maladie**) eintauschen; dennoch muß der Arztbesuch erst einmal bar bezahlt werden. Die Rechnung muß später der heimischen Krankenversicherung zur Erstattung vorgelegt werden. Wegen der umständlichen Prozedur und des hohen Eigenanteils empfiehlt es sich, eine Zusatzversicherung abzuschließen.

Fast jedes Dorf besitzt eine mit einem grünen Kreuz gekennzeichnete Apotheke (**pharmacie**). Außerhalb der normalen Öffnungszeiten (ca. 9–12.30 und 14–18.30 Uhr) informiert ein Hinweisschild, welche Apotheke gerade Notdienst hat.

Notruf

Polizei (**police**) 17
Feuerwehr (**pompiers**) 18
ADAC-Notruf 00 49/89/22 22 22
(24 Stunden/Tag)

Politik

Verwaltungsmäßig ist die Normandie seit 1972 in zwei Regionen und fünf Départements eingeteilt: Seine-Maritime (Hauptstadt Rouen) und Eure (Hauptstadt Evreux) bilden die Region Haute-Normandie mit dem Verwaltungssitz Rouen; zur Basse-Normandie mit dem Verwaltungssitz Caen gehören die Départements Calvados (Hauptstadt Caen), Orne (Hauptstadt Alençon) und Manche (Hauptstadt Saint-Lô).

Im zentralistisch regierten Frankreich ist die politische Einflußmöglichkeit der Regionen trotz einiger Reformen wesentlich geringer als z.B. die der Länder in Deutschland.

Post

Briefmarken (**timbre-poste**) sowie Telefonkarten (**télécarte**) erhalten Sie sowohl auf den französischen Postämtern (PTT) als auch in den Bureaux de Tabac. Das Porto beträgt für Briefe 4 FF, für Postkarten 2,50 FF.

WICHTIGE INFORMATIONEN

Reisedokumente

Für Bürger aus Deutschland und Österreich genügt ein gültiger Personalausweis, für Schweizer die nationale Identitätskarte. Für Kinder unter 16 Jahren reicht ein Kinderpaß oder der Eintrag im elterlichen Paß aus.

Reisewetter

Der Golfstrom sorgt für ein mildes Klima in den Küstenregionen mit relativ geringen Temperaturschwankungen; im Landesinneren ähnelt das Wetter eher den mitteleuropäischen Verhältnissen. Regenschauer sind an der Küste nicht ungewöhnlich, auf der Halbinsel Contentin weht im Frühjahr und Herbst des öfteren ein kräftiger Wind. Die besten Wetterbedingungen herrschen im Juli und August.

Sprache

Nur in normannisch geprägten Flurnamen hat die Sprache der Wikinger überlebt. Sehr schnell bedienten sich die Normannen der französischen Sprache, nur auf der Halbinsel Cotentin und in Bayeux blieb das Normannische bis in das 12. Jh. die Umgangssprache der Oberschicht. Heute noch weist die Bezeichnung »bec« auf einen Bach hin, das Suffix »tot« (Yvetot) erinnert daran, daß der Ort aus einem normannischen Hof hervorgegangen ist.

Stromspannung

Normalerweise 220 Volt (Flachstecker). Da die französischen Steckdosen einer anderen Norm unterliegen, werden Eurostecker oder Adapter benötigt.

Telefon

Es existiert ein dichtes Netz öffentlicher Telefonzellen. Ohne **Telefonkarte (télécarte)** kommt man allerdings nicht allzuweit, da es kaum noch Münzfernsprecher gibt.

Vorwahlen:
F→ D 00 49
F→ A 00 43
F→ CH 00 41
D, A, CH→ F 00 33
Die Null der Ortskennzahl entfällt nach der Ländervorwahl.

Achtung: Im Herbst 1996 wurden die französischen Telefonnummern von einem acht- auf ein zehnstelliges Nummernsystem umgestellt. Die Normandie bekam die Ziffern 02, die bei allen Telefonnummern in diesem Reiseführer bereits angegeben sind. Bei einem Anruf aus dem Ausland nach Frankreich entfällt allerdings die 0 vor der 2; also nur 00 33 2…

Tiere

Katzen und Hunde unter drei Monaten dürfen nicht mitgenommen werden. Ältere Tiere benötigen ein tierärztliches Zeugnis sowie den Nachweis einer Tollwutschutzimpfung, die mindestens einen Monat, aber weniger als ein Jahr zurückliegen muß.

Trinkgeld

Im Restaurant ist die Bedienung in der Regel im Preis inbegriffen (**service compris**). Zwischen 5 und 10 % Trinkgeld (**pourboire**) sind je nach Zufriedenheit angemessen, sich Minimalbeträge herausgeben zu lassen gilt als unhöflich.

Wirtschaft

Zwar ist in der Normandie weit mehr als die Hälfte der arbeitenden Bevölkerung im Dienstleistungssektor tätig, doch kommt der Landwirtschaft noch immer eine hohe Bedeutung zu. Neben den berühmten Äpfeln – jeder dritte in Frankreich geerntete Apfel stammt aus der Normandie – dreht sich alles um Milchprodukte wie Butter, Käse und Crème fraîche. Industriebetriebe haben sich entlang der Seinemündung sowie rund um Rouen und Le Havre angesiedelt.

Zeitungen

Die meistgelesene Zeitung der Region heißt »Ouest-France«, aber auch »Paris-Normandie«, »Presse de la Manche« und »Pays d'Auge« bieten einen Einblick in die Lokalpolitik und geben Hinweise auf aktuelle Veranstaltungen. Überregionale Tageszeitungen sind »Le Monde«, »Le Figaro« und »Libération«.

Zoll

Frankreich gehört der EU an, dennoch dürfen Waren auch für den Privatgebrauch nicht unbegrenzt nach Deutschland und Österreich eingeführt werden. Ab bestimmten Mengen gehen die Zöllner davon aus, daß mit den Waren gehandelt wird. Es gelten folgende Grenzen für Reisende ab 17 Jahren: 800 Zigaretten, 400 Zigarillos, 200 Zigarren, 1 kg Tabak, 10 l Spirituosen, 20 l Likörwein, 90 l Wein bzw. 60 l Schaumwein, 110 l Bier. Die Warenwert-Freigrenze liegt in Deutschland bei 350 DM. Was den Wert übersteigt, muß verzollt werden. Für Schweizer und für den Duty-free-Einkauf gelten die folgenden Mengenbeschränkungen: 50 g Parfüm oder 0,25 l Eau de Toilette, 1 l Spirituosen oder 2 l Wein, 200 Zigaretten oder 100 Zigarillos oder 50 Zigarren oder 250 g Tabak.

Die genauen Klimadaten von **Cherbourg**

	Durchschnittstemperaturen in °C		Sonnenstunden	Regentage
	Tag	Nacht	pro Tag	
Januar	8,4	4,4	1,8	19
Februar	8,4	4,1	2,1	15
März	10,3	5,2	4,6	13
April	12,2	7,0	5,4	12
Mai	15,0	9,3	6,6	11
Juni	17,8	12,0	7,1	10
Juli	19,4	13,8	7,5	12
August	19,5	14,1	7,0	12
September	18,5	13,1	5,0	15
Oktober	15,3	10,4	2,4	16
November	11,9	7,5	1,5	17
Dezember	9,5	5,4	1,5	19

Quelle: Deutscher Wetterdienst, Offenbach

56 v. Chr.
Caesar erobert Gallien. Die Römer ergreifen von den heute normannischen Gebieten Besitz und gründen die Städte Caen, Coutances, Lillebonne, Lisieux und Rouen.

Ab 260
Beginn der Christianisierung der Normandie; erstes Bistum wird Rouen.

Ende des 5. Jh.
Die fränkischen Merowinger breiten sich in Richtung Südwesten aus und verleiben die heutige Normandie ihrem Territorium ein.

7. Jh.
Das Christentum breitet sich weiter aus: Zahlreiche Klöster, darunter Jumièges, Ouen, Fécamp und Montivilliers, werden gegründet.

Um 820
Erstmals verunsichern die Wikinger oder »Nordmänner« die Küsten Frankreichs. Auf ihren leichten und schnellen Booten können sie auf der Seine weit in das Landesinnere vorstoßen.

841
Rouen wird von den Wikingern erobert und geplündert.

843
Durch den Vertrag von Verdun wird das fränkische Reich dreigeteilt. Karl der Kahle erhält die westfränkischen Gebiete und damit die Normandie.

911
Im Vertrag von Saint-Clair-sur-Epte erkennt der französische König Karl der Einfältige die faktische Herrschaft des Wikingers Rollo über die Normandie an, indem er ihm das untere Seinetal als erbliches Lehen gibt.

Ab 1061
Normannische Ritter unter der Führung der Brüder Robert Guiscard und Roger beginnen das unter arabischer Herrschaft stehende Sizilien von Messina aus zu erobern.

1066
Die Eroberung Englands durch Herzog Wilhelm II. gilt als das wichtigste Ereignis in der normannischen Geschichte. Mit 750 Schiffen und 15 000 Mann setzt Wilhelm nach England über. Nach seinem glanzvollen Sieg in der Schlacht bei Hastings besteigt er als Wilhelm I. den englischen Thron, bleibt aber zugleich Herzog der Normandie.

1204
König Philippe-Auguste gelingt es, das Château Gaillard einzunehmen und den Engländern die Herrschaft über die Normandie zu entreißen; die Normandie wird französische Provinz.

1337–1453
Die als Hundertjähriger Krieg bekannt gewordene Auseinandersetzung zwischen England und Frankreich beginnt mit dem französischen Überfall auf Southampton. Der fragwürdige Ruhm des Hauptkriegsschauplatzes wurde allerdings der Normandie zuteil. Frankreich konnte sich durchsetzen; den Engländern verblieben einzig die Kanalinseln.

1402
Der normannische Ritter Jean de Béthencourt segelt zu den Kanarischen Inseln und erobert im Namen der spanischen Krone Lanzarote, drei Jahre später auch Fuerteventura und El Hierro.

1431
Jeanne d'Arc, die als »Jungfrau von Orléans« durch ihren Heldenmut den französischen Truppen zum Sieg verholfen hatte, wird am 30. Mai von ihren Feinden bei lebendigem Leib auf dem Scheiterhaufen in Rouen verbrannt.

1450
Mit dem Fall von Cherbourg haben die Engländer ihre letzte Bastion in der Normandie verloren.

17. Jh.
Während der Regierungszeit des »Sonnenkönigs«, Ludwig XIV., werden von Jean-Baptiste Colbert die Spitzenmanufakturen von Alençon, Argentan und Bayeux gegründet.

1789
Infolge der Französischen Revolution werden zahlreiche sakrale Kunstwerke zerstört und Kirchengüter beschlagnahmt.

2. Hälfte des 19. Jh.
Wohlhabende Pariser »entdecken« die normannische Küste. Die Seebäder Cabourg, Deauville, Trouville und Dieppe entwickeln sich zu mondänen Sommerfrischen. Zahlreiche Künstler und Literaten wie Eugène Boudin, Claude Monet sowie Gustave Flaubert und Guy de Maupassant tragen zum Ruhm der Normandie bei.

1883
Claude Monet läßt sich in dem kleinen Dorf Giverny nieder. Bis zu seinem Tod im Jahre 1926 bleibt er in seinem Haus in Giverny; dort malte er seinen berühmten Zyklus der Seerosen-Bilder.

1940
Deutsche Truppen besetzen die Normandie.

1942
Britische und kanadische Truppen landen westlich von Dieppe (Opération Jubilée), sie werden jedoch aufgrund der mangelnder Logistik des Angriffs von der deutschen Armee vernichtend zurückgeschlagen.

6. Juni 1944
Die alliierten Invasionstruppen landen an der Küste der Normandie.

21. August 1944
Die Schlacht um die Normandie endet in Tournai-sur-Dives. Die Befreiung Frankreichs von der Besetzung durch das Dritte Reich Hitlers muß allerdings mit zahllosen Toten sowie dem Verlust bedeutender historischer Baudenkmäler erkauft werden.

1972
Die Normandie wird durch eine Gebiets- und Verwaltungsreform umstrukturiert und in zwei Regionen unterteilt: Haute-Normandie mit dem Verwaltungssitz Rouen sowie Basse-Normandie mit dem Verwaltungssitz Caen.

1982
Präsident François Mitterrand leitet eine Regionalreform ein, die den Gemeinden mehr Entscheidungsfreiheiten zugesteht.

1994
Zahlreiche Staatsoberhäupter gedenken in der Normandie dem 50jährigen Jubiläum der alliierten Invasion.

1995
Jacques Gaillot, der als Bischof von Evreux vehement für das Priestertum für Frauen und eine Modernisierung der katholischen Kirche eintritt, wird trotz heftiger Proteste der Bevölkerung vom Papst abgelöst.

MERIAN *live!* bringt Licht in den Norden.

Wo sonst in Europa läßt sich unberührte Natur so eindrucksvoll erleben wie im hohen Norden. Faszinierende Fjordlandschaften, dramatische Gletscherberge, klare Seen und einladende Strände. Dazwischen warmherzige Gastfreundschaft und junge, pulsierende Städte.

MERIAN *live!* bringt Ihnen all dies zum Greifen nah. Mit seinem erlebnisorientierten Konzept und gewohnt klaren Texten.

8 Reiseführer stehen zur Wahl: Island, Norwegen, Norwegen mit dem Postschiff, Dänemark, Schweden - Der Süden, Finnland, Kopenhagen, Stockholm.

ISBN 3-7742-0299-0. Je 12,80 DM.

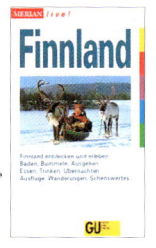

ISBN 3-7742-0380-6

ISBN 3-7742-0343-1

ISBN 3-7742-0283-4

ISBN 3-7742-0297-4

Mehr draus machen Mit Gräfe und Unzer

WICHTIGE INFORMATIONEN

An unsere Leserinnen und Leser:

Wir freuen uns, Ihre Meinung zu diesem Reiseführer zu erfahren. Bitte schreiben Sie uns, wenn Sie Berichtigungen und Ergänzungsvorschläge haben oder wenn Ihnen etwas besonders gut gefällt:

Gräfe und Unzer Verlag
Reiseredaktion
Stichwort: MERIAN live!
Postfach 40 07 09
Isabellastraße 32
80707 München

Alle Angaben in diesem Reiseführer sind gewissenhaft geprüft. Preise, Öffnungszeiten usw. können sich aber schnell ändern. Für eventuelle Fehler übernimmt der Verlag keine Haftung.

Lektorat: Christof Klocker
Bildredaktion: Christof Klocker
Kartenredaktion:
Reinhard Piontkowski

Gestaltung: Ludwig Kaiser
Umschlagfoto: Feldhoff & Martin/
Kreideklippen von Etretat
Karten: Kartographie Huber
Produktion: Helmut Giersberg
Satz: A. und M. Hubert
Druck und Bindung: Appl, Wemding
ISBN 3–7742–0341–5

Fotos
D. Blase 23, 36, 41, 42, 47, 48, 55, 60, 71, 72, 73, 78, 95, 99, 103, 109
Feldhoff & Martin 11, 32
F. M. Frei 2, 4, 5, 7, 9, 12, 15, 18, 19, 21, 26, 28, 30, 34, 44, 51, 59, 62, 63, 68, 80, 87, 90, 96, 110
D. Schröder 13, 33, 66, 84/85, 115, 117

1. Auflage 1997
© Gräfe und Unzer Verlag GmbH, München